U0960048

EXCEL 在财务管理中的应用

主　编　崔　晶
副主编　张　驰

天津大学出版社
TIANJIN UNIVERSITY PRESS

内容简介

本书改变传统教材以理论教学为主的特点，侧重培养学生的实际工作能力，更能反映企业对财务人才的实际需求。本书共四个项目，其中项目一简明扼要地介绍了 Excel 的一些基础性操作，项目二详细介绍了关于数据处理的具体功能，项目三对数据中相关财务函数的应用进行了相关说明，项目四详细介绍了模拟运算表、单变量求解以及方案管理器等数据模拟分析工具的应用。

本书可供高等财经院校、高等职业技术院校以及中等职业技术院校经济管理类专业学生学习使用，也可以作为会计、财务人员及业务人员的会计电算化应用培训和业务培训用书。

图书在版编目(CIP)数据

EXCEL在财务管理中的应用 / 崔晶主编. —天津：天津大学出版社，2021.3

ISBN 978-7-5618-6879-9

Ⅰ.①E… Ⅱ.①崔… Ⅲ.①表处理软件－应用－财务管理 Ⅳ.①F275-39

中国版本图书馆CIP数据核字(2021)第043371号

出版发行 天津大学出版社
地　　址 天津市卫津路92号天津大学内(邮编:300072)
电　　话 发行部:022-27403647
网　　址 www.tjupress.com.cn
印　　刷 廊坊市海涛印刷有限公司
经　　销 全国各地新华书店
开　　本 185mm×260mm
印　　张 10.75
字　　数 268千
版　　次 2021年3月第1版
印　　次 2021年3月第1次
定　　价 34.00元

前　言

为切实贯彻落实《教育部关于全面提高高等职业教育教学质量的若干意见》(教高〔2006〕16号)精神,深化校企合作、工学结合的人才培养模式,促进高等职业教育持续、稳定、健康发展,我们组织拥有多年教学经验的一线教师共同编写了本书。

本书包括四个项目,分别是Excel数据的基本操作,数据的分析处理,数据中财务函数的应用和数据模拟分析工具。每个项目的学习都是从真实的学习情境出发,为读者提出工作任务,指出完成任务应掌握的知识点、技能点,并介绍任务的实现过程,充分体现出任务驱动、项目导向的教材特色。

本书具体内容编排如下。

项目一是Excel数据的基本操作,主要通过5个任务,介绍了Excel表格的创建、编辑、设置和数据的相关计算以及图表的制作和电子表格的打印。

项目二是数据的分析处理,主要通过4个任务,介绍了数据的排序、筛选、分类汇总以及数据透视表和数据透视图的制作。

项目三是数据中财务函数的应用,主要通过8个任务,介绍了关于年限平均法、年数总和法、双倍余额递减法、资金的未来值、资金的现值、贷款分期偿还额、投资项目的内含报酬率等相关计算以及销售趋势的线性预测。

项目四是数据模拟分析工具,主要通过3个任务,介绍了模拟运算表、单变量求解、方案管理器的相关应用。

本书内容精练,结构清晰,通俗易懂,既可供高等财经院校、高等职业技术院校以及中等职业技术院校经济管理类专业学生学习使用,也可以作为会计、财务人员及业务人员的会计电算化应用培训和业务培训用书。

本书由天津现代职业技术学院崔晶担任主编,张驰担任副主编。

本书在编写过程中,参阅了大量论著及文献资料,特向相关作者表示感谢!由于作者水平有限,书中难免有不妥之处,敬请广大师生批评指正。

编者

前言

目　录

项目一　Excel 数据的基本操作

Excel 是会计电算化中最常用到的软件，它具有强大的表格处理能力，使用它完全能够处理日常办公中的制作各种表格、图表，完成数据计算等任务。

1. 知识点、技能点

① Excel 的基本概念。

② Excel 的启动与退出。

③单元格、工作表的基本操作。

④自动填充数据。

⑤批注的添加。

⑤条件格式的设置。

⑦自动套用格式。

⑧打印电子表格。

2. 教学目标

学习并掌握 Excel 的格式化排版操作，使 Excel 数据报表更美观、更具表现力，最后将其打印输出。

任务一　创建销售统计表

一、任务概述

为腾飞公司制作"2017 年度上半年腾飞公司电器销售统计表"。

二、知识点介绍

1. 启动 Excel

Excel 启动后，将自动建立一个名为 Book1 的空白工作簿，用户可以在工作簿中进行表格的操作。当然，用户也可以自己创建一个新的工作簿，然后再制作表格。可以通过以下三种方式启动 Excel。

①单击任务栏中的"开始"按钮，选择"开始"→"程序"→"Microsoft Office"→"Microsoft Office Excel"命令，即可启动 Excel。

②在桌面上添加了 Microsoft Excel 的快捷方式后，双击该图标即可启动 Excel。

③打开任意一个已有的 Excel 工作簿文档，也可启动 Excel。

2. Excel 的窗口

启动 Excel 软件，就相当于打开了 Excel 窗口（如图 1-1 所示）。

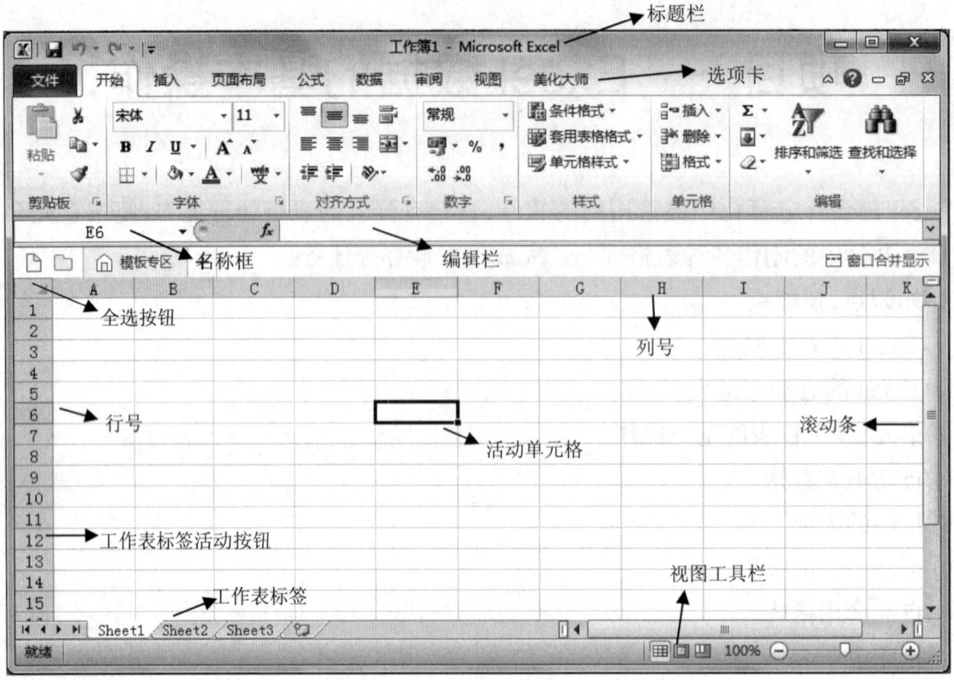

图 1-1 Excel 窗口各部分名称

1)标题栏

标题栏用于显示当前使用的工作簿名称。

2)名称框

名称框主要用于指定当前选中的单元格、图表项或绘图对象。

3)编辑栏

编辑栏主要用于显示、输入和修改活动单元格中的数据。在工作表的某个单元格输入数据时,编辑栏会同步显示输入的内容。

4)工作簿

工作簿是在 Excel 中用来存储和处理数据的文件,默认的主文件名为“Book1”(当再次新建时,其默认的主文件名依次为 Book2、Book3、……,用户在保存时,可更改主文件名),默认的扩展名是“.xlsx”。每个工作簿可以包含一张或多张工作表,默认情况下,新建文档中包含 3 张工作表,最多可以包含 255 张工作表。

5)工作表

工作表是工作簿的重要组成部分,用于存储和处理数据。每张工作表由行和列构成,行和列交叉形成的方格称为单元格。每张工作表都有一个工作表标签,工作表标签上显示的是工作表的名称,默认的工作表名为 Sheet1、Sheet2、Sheet3,在使用时,用户可以根据情况对工作表进行增加、删除和重命名操作。当要编辑某张工作表时,只需单击对应的工作表标签,此时选中的工作表称为活动工作表或当前工作表,其工作表标签反白显示。

6）单元格

单元格是 Excel 处理数据时的最基本单位。为了方便数据处理，每个单元格都有一个唯一的名称，称为单元格地址。单元格地址由列标和行号组成，纵向称为列，列标用字母 A~XFD 表示，共 16 384 列；横向称为行，行号用数字 1~1 048 576 表示，共 1 048 576 行。如 A4 单元格，就是指位于第 A 列第 4 行交叉点上的单元格。

7）工作表标签

工作表是通过工作表标签来标识的，单击不同的工作表标签可在工作表之间进行切换。

3. 在工作簿中输入数值

1）文本（字符或文字）型数据的输入

在当前默认状态下，所有文字型数据在单元格中均是左对齐。

①在当前单元格中，一般文字如字母、汉字等直接输入即可。

②如果输入字符串的首字符是“=”号，则应先输入一个单引号“'”（注意必须是半角字符的单引号），再输入等号和其他字符。

③如果输入的文字是类似于邮政编码、手机号码、身份证号之类的文本型数字，则应先输入单引号“'”（注意必须是半角字符的单引号），再输入数字；也可以先设置要输入文本型数字单元格的格式，再输入数据。

2）数值型数据的输入

在当前默认状态下，所有数值型数据在单元格中均是右对齐。

①输入分数时，应在分数前输入 0 及一个空格，如分数 3/8，则应输入“0 3/8”。如果直接输入“3/8”或者“03/8”，则系统将把它视作日期，认为是 3 月 8 日。

②输入负数时，应在数字前输入负号“-”，或将其置于括号“( )”中。如 -8 应输入“-8”或“(8)”。正数前面的“+”可以省略。

③数字间可以用千位号“，”隔开，如输入“12，002”。

3）日期和时间型数据的输入

①一般情况下，在单元格或编辑栏中输入“=time(时，分，秒)”，即可显示所要输入的时间，如需输入当前时间，则按“Ctrl+Shift+;”快捷键。

②一般情况下，在单元格或编辑栏中输入“=date(年，月，日)”，即可显示所要输入的日期，如需输入当前日期，则按“Ctrl+;”快捷键。

③如果在单元格中既输入日期又输入时间，则中间必须用空格隔开。

4. 退出 Excel 表格

完成表格编辑操作后，应该及时退出 Excel，释放它所占用的系统资源。保存创建的表格并正确退出 Excel 是结束 Excel 表格制作工作的标志。可以使用以下四种方式退出 Excel。

①单击 Excel 主窗口中的“关闭”按钮。

②选择“文件”→“退出”命令。

③双击标题栏左上角的控制按钮。

④按“Alt+F4”快捷键。

三、任务实施

【实施内容】

根据数据清单中的内容，为腾飞公司制作“2017年度上半年腾飞公司电器销售统计表”，表格以“2017年销售表.xls”命名并保存。

【具体操作】

①在打开的空白工作簿中，输入文字内容即可，如图1-2所示。

	A	B	C	D	E	F	G	H	I	J
1	2017年度上半年腾飞公司电器销售统计表									
2	编号	产品类型	产品名称	一月(台)	二月(台)	三月(台)	四月(台)	五月(台)	六月(台)	单价(元)
3	1	彩电	TCL	10	12	5	13	25	15	3500
4	2	冰箱	西门子	8	15	18	12	29	36	5800
5	3	洗衣机	惠而浦	15	14	15	25	28	21	4000
6	4	微波炉	格兰仕	16	11	12	13	25	29	750
7	5	空调	格力	32	10	36	18	18	22	1025
8	6	抽油烟机	老板	12	25	25	20	21	31	1860
9	7	彩电	夏普	8	29	7	27	15	28	1200
10	8	冰箱	海尔	9	30	19	29	21	17	1800
11	9	洗衣机	小天鹅	12	18	14	30	27	16	1600
12	10	空调	美的	25	16	24	35	28	23	3500
13	11	冰箱	博世	18	25	10	12	26	24	2080
14	12	洗衣机	小鸭	23	19	13	10	16	18	2100
15	13	空调	海尔	21	20	16	8	14	16	1850
16	14	洗衣机	容声	18	15	18	31	15	35	1800
17	15	空调	博世	17	17	25	9	11	38	2900
18	16	冰箱	美的	30	10	29	11	27	32	1560
19	17	空调	海尔	28	8	36	15	30	29	1200
20	18	彩电	松下	15	16	38	17	29	21	1050
21	19	冰箱	三星	9	35	16	21	18	11	7500
22	20	抽油烟机	方太	10	31	25	20	15	8	5600

图1-2 输入文字

②选中A1:J1单元格区域，单击“开始”选项卡中“对齐方式”组里的“合并后居中”按钮，将10个单元格合并为一个单元格，使表格标题“2017年度上半年腾飞公司电器销售统计表”居中。

③将鼠标指针放在列号之间或者行号之间并拖动单元格的边框线，调整列宽或行高。

④选中整个表格内容，单击“开始”选项卡中“字体”组里的“边框”按钮的下三角按钮，选择其中的“所有框线”样式，设置表格线。

⑤单击“文件”选项卡中的“另存为”按钮。

⑥在“文件名”下拉列表框中输入文件名“2017年销售表.xls”，选择保存位置，然后单击“保存”按钮，编辑完成的表格即在指定位置被保存。

任务二 编辑销售统计表

一、任务概述

按要求对已创建的“2017年度上半年腾飞公司电器销售统计表”进行编辑整理。

二、知识点介绍

1. 选取单元格或单元格区域

①选取单个单元格:单击相应的单元格,或用控制箭头键移动到相应的单元格。

②选取连续单元格区域:单击选中该区域的第一个单元格,然后拖动鼠标直至选中最后一个单元格。

③选取所有单元格:单击工作表左上角行列交叉处的“全选”按钮。

④选取不相邻的单元格或单元格区域:先选中第一个单元格或单元格区域,然后按住 Ctrl 键再选中其他的单元格或单元格区域。

⑤选取较大的单元格区域:单击选中该区域的第一个单元格,然后按住 Shift 键再单击该区域的最后一个单元格。

⑥选取整行:单击行标题。

⑦选取整列:单击列标题。

⑧选取相邻的行或列:沿行号或列号拖动鼠标;或者先选中第一行或第一列,然后按住 Shift 键再选中其他的行或列。

⑨选取不相邻的行或列:先选中第一行或第一列,然后按住 Ctrl 键再选中其他的行或列。

⑩选取增加或减少活动区域中的单元格:按住 Shift 键并单击新选中区域的最后一个单元格,在活动单元格和所单击的单元格之间的矩形区域将成为新的选中区域。

2. 单元格的插入和删除

1)插入单元格

①单击需要插入一个新单元格位置处的单元格,使之成为活动单元格。

②单击“开始”选项卡中“单元格”组里的“插入”按钮,选择“插入单元格”命令。

③在对话框的“插入”选项组中有四个选项,即“活动单元格右移”“活动单元格下移”“整行”“整列”,选择要插入单元格的方式。

④单击“确定”按钮。

2)插入行和列

要插入一个新的空行,常用的方法有以下三种。

①单击行号选择一行,再单击“开始”选项卡中“单元格”组里的“插入”按钮,选择“插入工作表行”命令。

②先选中一行,然后在其上单击鼠标右键,并在其快捷菜单中单击“插入”命令。

③选择单元格,采用上述插入单元格的方法打开“插入单元格”对话框,在插入单元格的方式中选择“整行”。

3)删除单元格

①选中要删除的单元格或单元格区域。

②单击“开始”选项卡中“单元格”组里的“删除”按钮,或者右击,在快捷菜单中选择“删除”命令。

③在对话框的“删除”选项组中分别有四个选项,即“右侧单元格左移”“下方单元格上移”“整行”“整列”,选择要删除单元格的方式。

3. 单元格中数据的清除

数据清除不同于单元格清除,数据清除的对象是单元格中的数据,而留下空白单元格,具体操作如下。

①选中要清除数据的单元格或单元格区域。

②单击“开始”选项卡中“编辑”组里的“清除”按钮。

③选择“清除”按钮中“全部清除”“清除格式”“清除内容”“清除批注”或“清除超链接”的命令,将分别只清除单元格的格式、内容、批注或超链接;如果单击“全部”命令,将使单元格的格式、内容、批注或超链接全部被清除。

4. 关于批注

所谓批注就是当鼠标停留在某一个单元格的时候,自动弹出的一个提示。下面简单介绍关于批注的相关内容。

1)插入批注

①单击需要添加批注的单元格。

②单击“审阅”选项卡中“批注”组里的“新建批注”按钮。

③在弹出的批注框中输入批注文本。

④完成文本输入后,单击批注框外部的工作表区域,此时可以发现刚才添加批注的单元格的右上角出现了一个小红三角,同时,不再显示批注框和批注内容。

2)查看批注

(1)查看某个批注

如果要单独查看某个批注,则将鼠标指针指向含有批注的单元格,即可显示该批注内容。

(2)查看所有批注

如果要查看工作簿中所有批注,则单击“审阅”选项卡中的“显示所有批注”按钮,单击“上一条”按钮或“下一条”按钮即可逐条查看批注。

3)编辑批注

选择需要编辑批注的单元格,单击“审阅”选项卡中“批注”组里的“编辑批注”按钮;或者在该单元格上单击鼠标右键,在弹出的快捷菜单中选择“编辑批注”命令,然后进行编辑。

4)复制批注

①选中有批注的单元格,单击“开始”选项卡中“剪贴板”组里的“复制”按钮。

②选中要粘贴批注的单元格,单击“开始”选项卡中“剪贴板”组里的“粘贴”按钮,单击下拉菜单。

③在弹出的“选择性粘贴”对话框中选择“批注”,单击“确定”按钮。

5)清除批注

选中要清除批注的单元格,再单击“开始”选项卡中“编辑”组里的“清除”按钮,单击下拉菜单,选择"清除批注"命令。

5. 填充序列

在单元格区域中填充数据一般分为两种情况,一种是输入相同数据,另一种是输入序列数据。如果输入的内容非数字,那么直接将鼠标指针指向单元格右下角的填充柄,拖动鼠标即可在拖动过的单元格中复制出一系列相同的内容。

如果输入的内容是数字,那么当只在一个单元格中输入了数字并直接拖动该单元格的填充柄时,将执行复制操作,而不是填充数字序列;如果按住 Ctrl 键再拖动填充柄,则自动输入以第一个数字为起始的增量为 1 的数字序列。如果不想使用 Ctrl 键,则可以先在两个单元格中输入数字序列的前两个数字,然后选中这两个单元格后再拖动第二个单元格右下角的填充柄,从而在拖动过的区域自动输入序列数字。

除了直接拖动填充柄进行填充外, Excel 还提供了一个"序列"对话框。使用"序列"对话框比使用鼠标指针拖动填充柄输入序列数据更灵活,因为在"序列"对话框中可以任意指定序列数据的增量而不使用默认的 1,而且还可以指定一个终止量。具体方法如下。

①单击"开始"选项卡中"编辑"组里的"填充"按钮,选择下拉菜单中的"序列"命令。

②在弹出的"序列"对话框中,可以根据填充的方向和增量进行灵活设置,不仅可以进行等差序列的填充,还可以进行等比序列或者日期序列的填充,如图 1-3 所示。

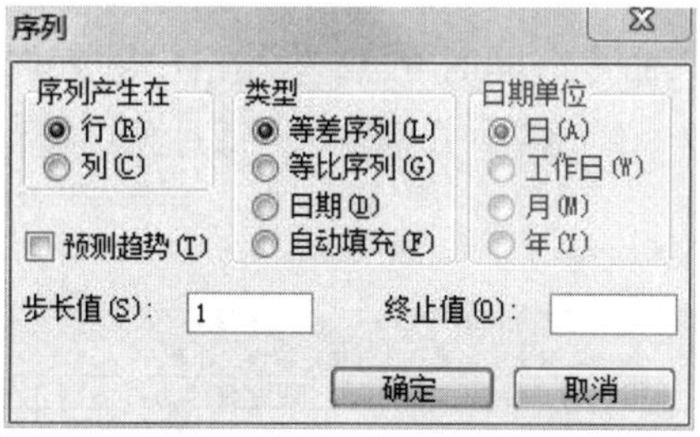

图 1-3　序列的填充

6. 表格数据的查找和替换

1)查找

如果要在当前工作表中查找一个值,具体步骤如下。

①单击"开始"选项卡中"编辑"组里的"查找和选择"按钮,选择"查找"命令打开"查找"对话框。

②在"查找内容"文本框中输入想要查找的字符串,单击"查找下一个"按钮,就可定位到包含查找内容的单元格。

2)替换

如果要在当前工作表中替换某一值,具体步骤如下。

①单击"开始"选项卡中"编辑"组里的"查找和选择"按钮,在下拉菜单中选择"替换"命令,弹出"替换"对话框。

②在对话框中输入查找值和替换值,然后单击"查找下一个"按钮进行定位。单击"替

换”按钮,可逐一替换;若单击“全部替换”按钮,则全部替换。

三、任务实施

【实施内容】

根据实际需要,对已创建的“2017 年度上半年腾飞公司电器销售统计表”进行编辑。

①在 I 和 J 列之间插入一列,令其列标题为“销售量”。

②在 L2 单元格输入“销售额”, C23、C24、C25 单元格分别输入“每月总销售量”“最高销售量”“最低销售量”。

③把 A 列中列标题“编号”改为“代理商”,利用序列在 A3: A22 中填入代理商 1、代理商 2、……、代理商 10。

④把数据清单中所有“抽油烟机”替换为“烟机灶具”。

⑤在 B6 单元格插入批注“苏宁电器”,在 B10 单元格插入批注“京东商城”,在 B13 单元格插入批注“天猫商城”,在 B18 单元格插入批注“国美电器”,在 B20 单元格插入批注“其他”。

【具体操作】

①打开“2017 年销售表.xls”工作表。

②单击 J 列号选择一列,再单击“开始”选项卡中“单元格”组里的“插入”按钮,在下拉菜单中选择“插入工作表列”命令。同时在 J2 单元格中输入“销售量”, L2 单元格中输入“销售额”,在 C23、C24、C25 单元格中分别输入“每月总销售量”“最高销售量”“最低销售量”,如图 1-4 所示。

	A	B	C	D	E	F	G	H	I	J	K	L
1	2017年度上半年腾飞公司电器销售统计表											
2	编号	产品类型	产品名称	一月(台)	二月(台)	三月(台)	四月(台)	五月(台)	六月(台)	销售量(台)	单价(元)	销售额(元)
3	1	彩电	TCL	10	12	5	13	25	15		3500	
4	2	冰箱	西门子	8	15	18	12	29	36		5800	
5	3	洗衣机	惠而浦	15	14	15	25	28	21		4000	
6	4	微波炉	格兰仕	16	11	12	13	25	29		750	
7	5	空调	格力	32	10	36	18	18	22		1025	
8	6	抽油烟机	老板	12	25	25	20	21	31		1860	
9	7	彩电	夏普	8	29	7	27	15	28		1200	
10	8	冰箱	海尔	9	30	19	29	21	17		1800	
11	9	洗衣机	小天鹅	12	18	14	30	27	16		1600	
12	10	空调	美的	25	16	24	35	28	23		3500	
13	11	冰箱	博世	18	25	10	12	26	24		2080	
14	12	洗衣机	小鸭	23	19	13	10	16	18		2100	
15	13	空调	海尔	21	20	16	8	14	16		1850	
16	14	洗衣机	容声	18	15	18	31	15	35		1800	
17	15	空调	博世	17	17	25	9	11	38		2900	
18	16	冰箱	美的	30	10	29	11	27	32		1560	
19	17	空调	海尔	28	8	36	15	30	29		1200	
20	18	彩电	松下	15	16	38	17	29	21		1050	
21	19	冰箱	三星	9	35	16	21	18	11		7500	
22	20	抽油烟机	方太	10	31	25	20	15	8		5600	
23			每月总销售量									
24			最高销售量									
25			最低销售量									
26												

图 1-4 插入列标题并输入文字

③清除 A2 单元格内容,输入“代理商”。

④在 A3 单元格中输入“代理商 1”,然后将鼠标移至单元格右下角,当单元格右下角出

现填充柄，即黑色十字柄时，拖动鼠标至 A22 单元格，此时 A3：A22 单元格区域自动填充代理商序列。

⑤单击“开始”选项卡中“编辑”组里的“查找和选择”按钮，在下拉菜单中选择“替换”命令，弹出“查找和替换”对话框。在其中的“查找内容”组合框中输入“抽油烟机”，“替换为”组合框中输入“烟机灶具”，如图 1-5 所示。单击“全部替换”按钮，则全部替换所有查找到的单元格。

⑥单击 B6 单元格，选择“插入批注”命令，在弹出的批注框中输入“苏宁电器”，如图 1-6 所示。完成文本输入后，刚才添加了批注的单元格的右上角出现一个小红三角，同时不再显示批注框和批注内容。

⑦依照上述方法，完成 B10、B13、B18、B20 单元格批注的插入。

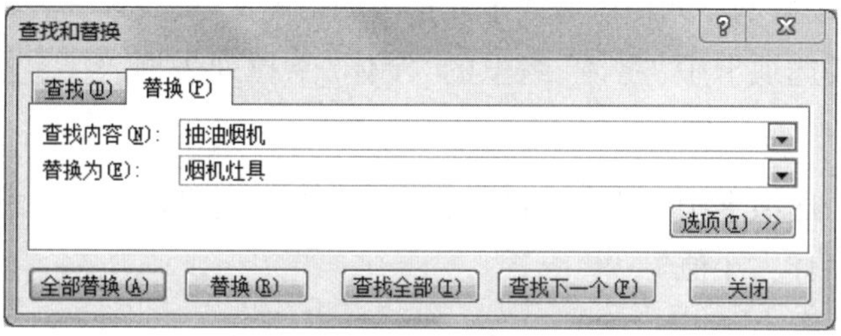

图 1-5　“查找和替换”对话框

	A	B	C	D	E	F	G	H	I	J	K	L
1	2017年度上半年腾飞公司电器销售统计表											
2	代理商	产品类型	产品名称	一月(台)	二月(台)	三月(台)	四月(台)	五月(台)	六月(台)	销售量(台)	单价（元）	销售额（元）
3	代理商1	彩电	TCL	10	12	5	13	25	15		3500	
4	代理商2	冰箱	西门子	8	15	18	12	29	36		5800	
5	代理商3	洗衣机	惠[illegible]	15	14	15	25	28	21		4000	
6	代理商4	微波炉	格[illegible]	16	11	12	13	25	29		750	
7	代理商5	空调	格[illegible]	32	10	36	18	18	22		1025	
8	代理商6	烟机灶具	老[illegible]	12	25	25	20	21	31		1860	
9	代理商7	彩电	夏[illegible]	8	29	7	27	15	28		1200	
10	代理商8	冰箱	海尔	9	30	19	29	21	17		1800	
11	代理商9	洗衣机	小天鹅	12	18	14	30	27	16		1600	
12	代理商10	空调	美的	25	16	24	35	28	23		3500	
13	代理商11	冰箱	博世	18	25	10	12	26	24		2080	
14	代理商12	洗衣机	小鸭	23	19	13	10	16	18		2100	
15	代理商13	空调	海尔	21	20	16	8	14	16		1850	
16	代理商14	洗衣机	容声	18	15	18	31	15	35		1800	
17	代理商15	空调	博世	17	17	25	9	11	38		2900	
18	代理商16	冰箱	美的	30	10	29	11	27	32		1560	
19	代理商17	空调	海尔	28	8	36	15	30	29		1200	
20	代理商18	彩电	松下	15	16	38	17	29	21		1050	
21	代理商19	冰箱	三星	9	35	16	21	18	11		7500	
22	代理商20	烟机灶具	方太	10	31	25	20	15	8		5600	
23			每月总销售量									
24			最高销售量									
25			最低销售量									

苏宁电器

图 1-6　批注的插入

任务三　设置销售统计表

一、任务概述

对已创建的“2017 年度上半年腾飞公司电器销售统计表”进行单元格的相关设置整理。

二、知识点介绍

1. 设置单元格中文本格式

1)设置字体和字号

①选中要设置字体的单元格区域或单元格中的指定文本。

②单击“开始”选项卡中“字体”组里的“字体”下拉列表框 宋体 ,选择所需的字体。

③单击“开始”选项卡中“字体”组里的“字号”下拉列表框 11 ,选择所需的字体大小,或在其中输入字体大小值。

2)设置文本颜色

①选中要设置颜色的单元格区域或单个单元格中的指定文本。

②单击“开始”选项卡中“字体”组里的“字体颜色”按钮 A ,如所示颜色为所需颜色,则直接单击该按钮;否则,单击“字体颜色”按钮 A 旁的下三角按钮,然后在调色板上单击所需颜色。

3)设置文本为粗体、斜体或带下划线

①选中要改变格式的单元格区域或单个单元格中的指定文本。

②单击“开始”选项卡中“字体”组里所需的格式按钮。其中 B 为“加粗”按钮, I 为“倾斜”按钮, U 为“下划线”按钮,加粗、倾斜、下划线效果分别如下:**黑**、*斜*、<u>下划线</u>。如果该文本已被设置为上述格式,当选中该文本时,对应格式按钮则处于“按下”状态,再单击该格式按钮将删除该格式 。

4)使用格式刷复制单元格或单元格区域的格式

①选中含有要复制格式的单元格或单元格区域。

②单击“开始”选项卡中“剪贴板”组里的“格式刷”按钮。

③拖动鼠标选择要设置新格式的单元格或单元格区域,完成操作。

5)设置文本格式

①选中要设置字体的单元格区域或单个单元格中的指定文本。

②单击“开始”选项卡中“单元格”组里的“格式”按钮,选择“设置单元格格式”命令,打开“单元格格式”对话框并切换到“字体”选项卡,如图 1-7 所示。

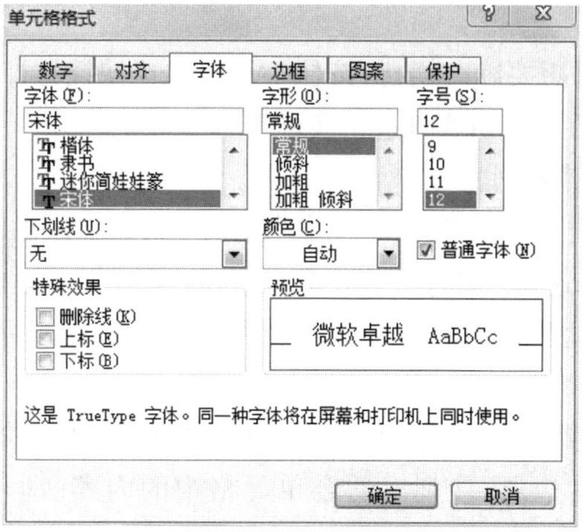

图 1-7　“字体”选项卡

③在“字体”选项卡中，分别设置字体、字形、字号、下划线、颜色和特殊效果等格式。

④单击“确定”按钮，完成操作。

2. 设置单元格格式

1)在单元格内显示多行文本

当单元格中的文字大于单元格宽度时，可以进行如下两种操作。

(1)方法1

①选择单元格区域或单个单元格。

②单击“开始”选项卡中“单元格”组里的“格式”按钮，选择“设置单元格格式”命令，打开“单元格格式”对话框并切换到“对齐”选项卡，如图 1-8 所示。

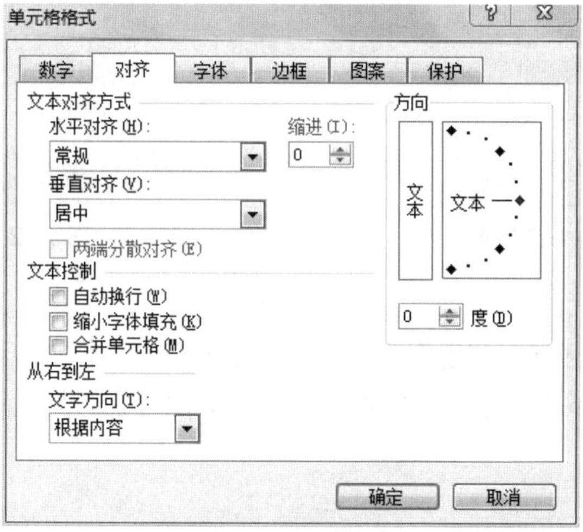

图 1-8　“对齐”选项卡

③在“文本控制”选项组中选中“自动换行”复选框。

(2)方法 2

在输入数据时,如果想要随时换行,按住“Alt+Enter”快捷键即可实现。这样做也可以使已输入内容的单元格在光标所在处进行换行。

2)调整单元格的行高和列宽

在整理 Excel 表格时,常常会遇到单元格中的文字过多造成内容显示不全,或者文字过少造成多余空白的情况,这时候就需要将行高或者列宽调整到合适的尺寸。

①拖动行标题的下边界设置所需的行高,如图 1-9 所示;拖动列标题的右边界设置所需的列宽,如图 1-10 所示。

②双击行标题下边界,使行高适合单元格中的内容(行高的大小与该行字符的最大字号有关);双击列标题右边界,使列宽适合单元格中的内容(即与单元格中内容的宽度一致)。

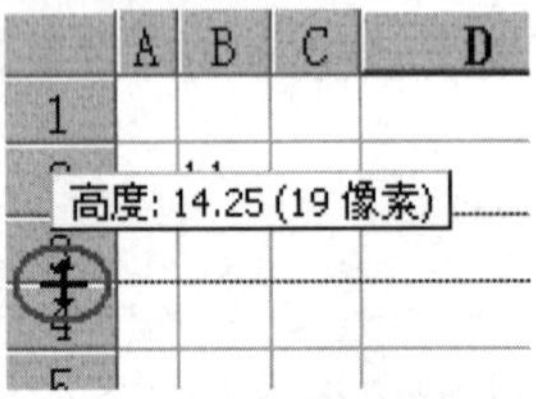

图 1-9 设置行高

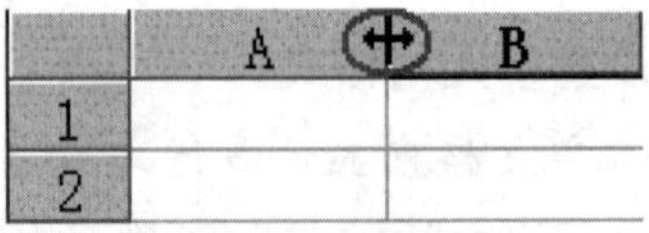

图 1-10 设置列宽

③选中相应的行,单击“开始”选项卡中“单元格”组里的“格式”按钮,选择“行高”命令,输入所需的高度值(用数字表示),如图 1-11 所示;选定相应的列,单击“开始”选项卡中“单元格”组里的“格式”按钮,选择“列宽”命令并输入所需的宽度(用数字表示),如图 1-12 所示。

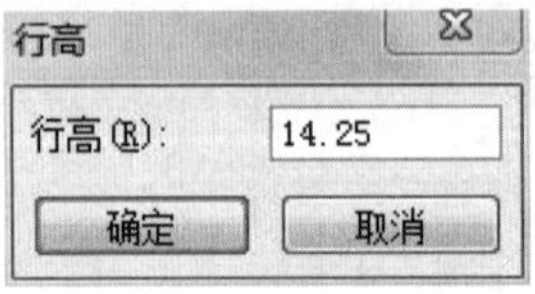

图 1-11 设置行高

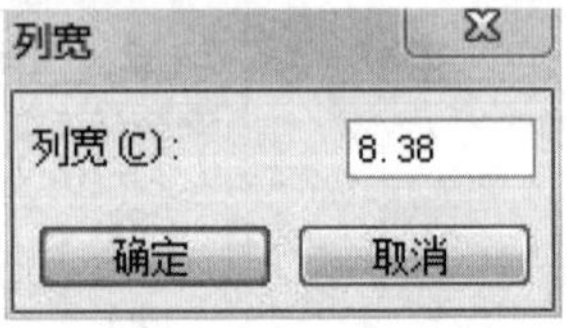

图 1-12 设置列宽

3)合并单元格

Excel 只能将选中区域左上角单元格中的数据放入合并所得的合并单元格中。所以,要将区域中的所有数据都放入合并后的单元格中,就必须将它们复制到区域内的左上角单元格中。

(1)方法 1

①选择要合并的单元格区域,要求必须是连续的。

②单击“开始”选项卡中“对齐方式”组里的“合并后居中”按钮 合并后居中,合并选中的单元格并将其中的文本居中。

（2）方法 2

①选择要合并的单元格区域。

②单击“开始”选项卡中“单元格”组里的“格式”按钮，选择“设置单元格格式”命令，打开“单元格格式”对话框并切换到“对齐”选项卡，如图 1-13 所示。

③选中“合并单元格”复选框。

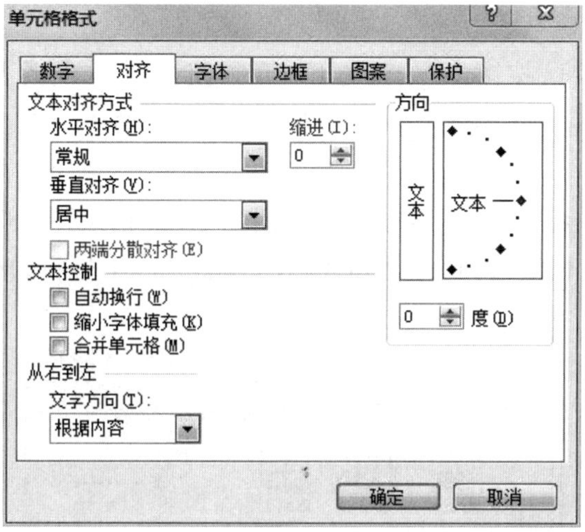

图 1-13　“对齐”选项卡

4）将一个合并单元格分割成几个部分单元格

①选中已合并的单元格。

②单击“开始“选项卡中“单元格”组里的“格式”按钮，选择“设置单元格格式”命令，打开“单元格格式”对话框，切换到“对齐”选项卡。

③在“对齐”选项卡中取消选中“合并单元格”复选框。

5）居中、对齐单元格中的数据

①在默认格式的单元格中，文本是左对齐的，而数字、日期和时间是右对齐的，更改对齐方式并不会改变数据的类型。

选择要设置格式的单元格区域，单击格式工具栏中的“左对齐”按钮，“居中”按钮，“右对齐”按钮，可实现文本中数据的左对齐、居中及右对齐。

②设置单元格数据的垂直对齐方式。

a. 选择要设置格式的单元格。

b. 单击“开始”选项卡中“单元格”组里的“格式”按钮，选择“设置单元格格式”命令，打开“单元格格式”对话框并切换到“对齐”选项卡。

c. 在“对齐”选项卡的“垂直对齐”下拉列表框中，选择所需的选项。

3. 设置边框和底纹

1)对单元格应用边框

(1)方法 1

①选择要添加边框的所有单元格。

②单击“开始”选项卡中“字体”组里的“下边框”按钮，将边框设置为该按钮所对应的边框。

③也可以单击“边框”按钮旁的下三角按钮，单击选项板上所需的边框样式设置其他边框。

(2)方法 2

也可以通过单击“开始”选项卡中“单元格”组里的“格式”按钮，选择“设置单元格格式”命令，打开“单元格格式”对话框并切换到“边框”选项卡进行边框和底纹的设置，如图 1-14 所示。

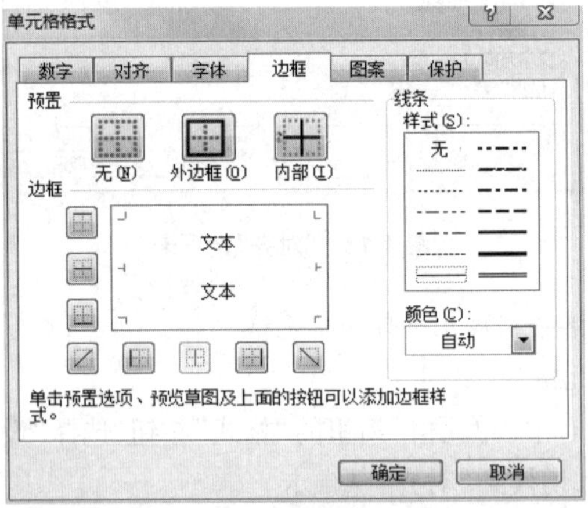

图 1-14 “边框”选项卡

2)用纯色设置单元格背景色

①选择要设置背景色的单元格。

②单击格式工具栏中的“填充颜色”按钮，单元格背景色将设置为按钮所示颜色。

③单击“填充颜色”按钮旁的下三角按钮，选择模板上的一种颜色即可将其设置为单元格的背景色，如图 1-15 所示。

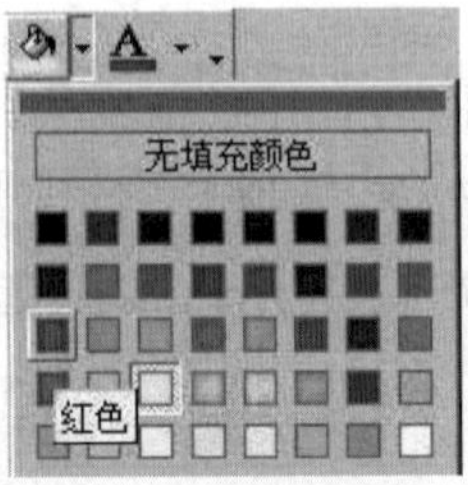

图 1-15 设置单元格背景色

3)用图案设置单元格背景色

①选择要设置背景色的单元格。

②单击“开始”选项卡中“单元格”组里的“格式”按钮,选择“设置单元格格式”命令,在弹出的“单元格格式”对话框中切换到“填充”选项卡,然后选择“背景色”中的某一颜色。

③单击“图案颜色”和“图案样式”下拉列表框的下三角按钮,然后选择所需的图案颜色和样式,如图 1-16 所示。

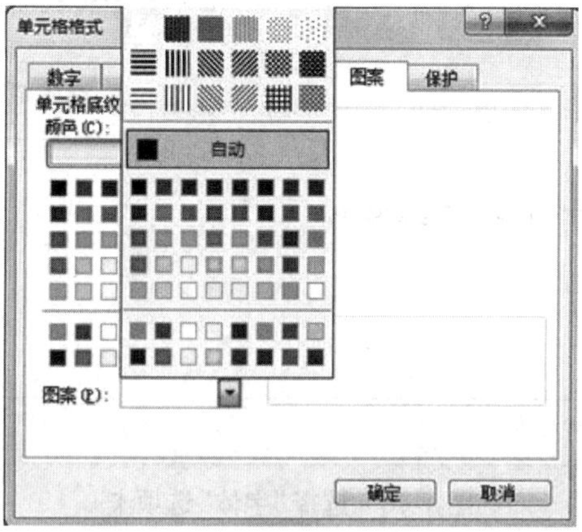

图 1-16　用图案设置单元格背景色

4. 设置条件格式

设置条件格式是指设置的格式有条件限制,当符合设置条件时,将设置格式应用于设置对象,使所有满足条件的记录突出显示,对于不符合设置条件的对象则不应用设置格式。例如将所有成绩小于 60 的总分设置为红色加粗字体,操作如下。

①选择要突出显示的单元格区域。

②单击“开始”选项卡中 “样式”组里的“条件格式”按钮,再在下拉菜单中单击“突出显示单元格规划”命令里的“小于”按钮。

③在弹出的“小于”对话框中,左边列表框中输入 60,右边“设置为”列表框中下拉菜单选择“自定义格式...”,如图 1-17 所示。

图 1-17　“条件格式”对话框

④在弹出的“设置单元格格式”对话框中切换到“字体”选项卡,“字形”选择为加粗,“颜色”选择为红色。如图 1-18 所示。

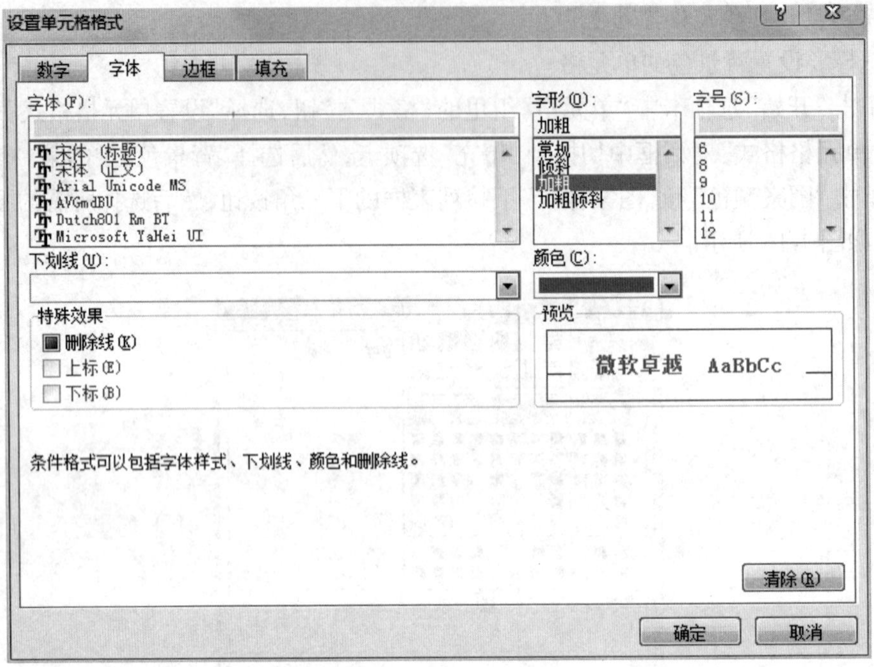

图 1-18　选择“字体”选项卡

5. 设置数字、日期、时间显示格式

在 Excel 中，可以使用数字格式更改数字（包括日期和时间）的显示，而并不更改数字本身的值，所应用的数字格式并不会影响单元格中的实际数值。

1）重新设置数字（或文本）格式

①选择需要设置格式的单元格或单元格区域。

②单击“开始”选项卡中“单元格”组里的“设置单元格命令”按钮，在弹出的“单元格格式”对话框中切换到“数字”选项卡，如图 1-19 所示。

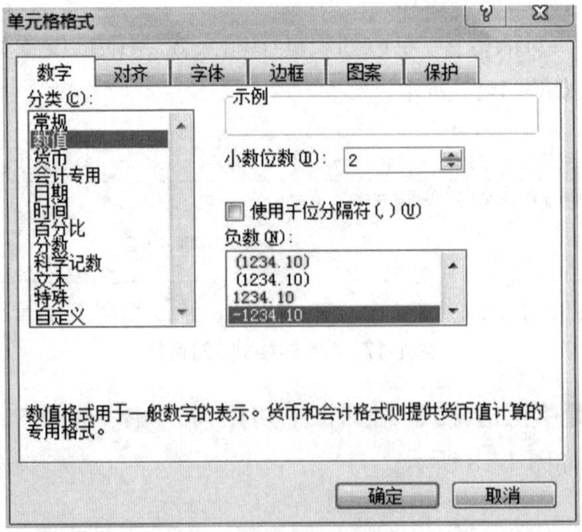

图 1-19　“数字”选项卡

③设置显示格式，例如，设置“小数位数”为“3”，则单元格中的数值数据将显示 3 位小数，多于 3 位的部分进行四舍五入（若设置为文本，此步可略）。

④单击“确定”按钮。

2）设置日期的显示格式

①选择要设置格式的单元格。

②单击“开始”选项卡中“单元格”组里的“格式”按钮，再在下拉菜单中单击“设置单元格格式”按钮，打开“单元格格式”对话框。

③切换到“日期”选项卡，在“分类”列表框中选择“日期”选项。

④选择所需的格式，单击“确定”按钮。

3）设置时间的显示格式

①选择要设置格式的单元格。

②单击“开始”选项卡中“单元格”组里的“设置单元格格式”按钮，打开“单元格格式”对话框。

③切换到“数字”选项卡，在“分类”列表中选择“时间”选项。

④选择所需的格式，单击“确定”按钮。

三、任务实施

【实施内容】

根据实际需要，对“2017 年度上半年腾飞公司电器销售统计表”进行相关格式设置。

①将销售统计表中标题所在行的行高设置为 30，并将标题字体设为楷体、红色、22 号字、加粗、跨列居中。

②表格中列标题所在行的字体设为宋体、蓝色、12 号字、加粗、居中、图案为 6.25% 灰色。

③整个表格 A2：L25 单元格区域中，所有内容全部居中对齐，J2：J22、L2：L22、C23：L25 三个单元格区域底纹填充色为黄色。

④设置条件格式，找出一月到六月中销售量大于等于 20 的单元格，将符合条件的单元格设置字体颜色为蓝色、加粗。

【具体操作】

①选中 A1：L1 单元格区域，单击格式工具栏中的“合并后居中”按钮 合并后居中，“字体”组里的“字体”框中选择“楷体”，“字号”框中选择“22”，“颜色”框中选择“红色”，单击“加粗”按钮。

②选中 A1:L1 单元格区域，单击“开始”选项卡中“单元格”组里的“格式”按钮，在下拉菜单中单击“行高”，弹出“行高”对话框，在“行高”中输入数值“30”。

③选中 A2:L2 单元格区域，单击“开始”选项卡中“单元格”组里的“格式”按钮，再在下拉菜单中单击“设置单元格格式”按钮，打开“设置单元格格式”对话框并切换到“对齐”选项卡，单击“文本对齐方式”中“水平对齐”的下拉按钮，选择居中，如图 1-20 所示。

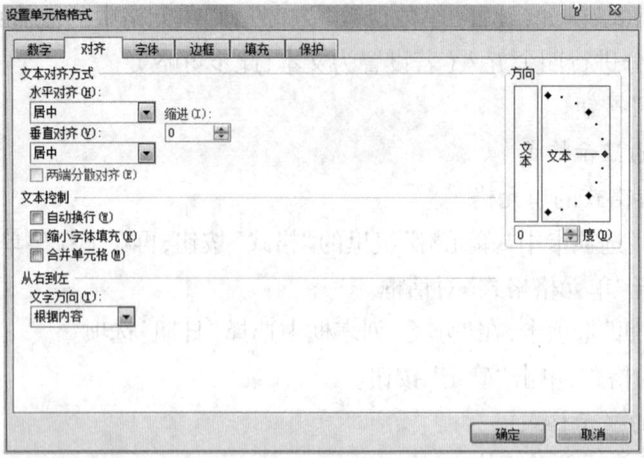

图 1-20 “对齐”选项卡

④切换到“字体”选项卡,“字体”框中选择“宋体”,“字形”框中选择“加粗”,“字号”框中选择“12”,“颜色”框中选择“蓝色”。

⑤切换到“填充”选项卡,单击“图案样式”下拉按钮,选择“6.25% 灰色”,如图 1-21 所示。

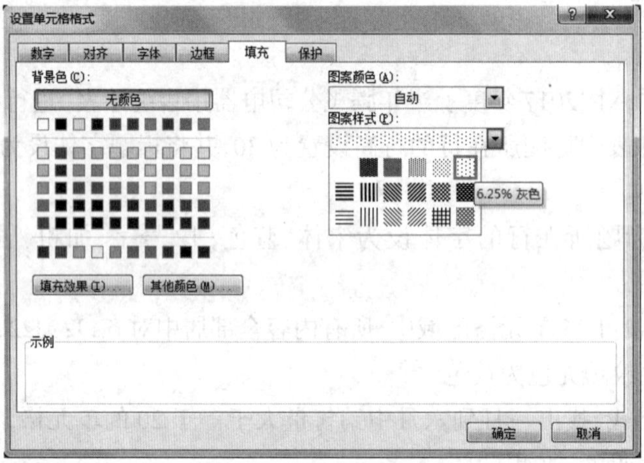

图 1-21 “填充”选项卡

⑥选中 A2: L25 单元格区域,单击格式工具栏中的“居中”按钮,按 Ctrl 键同时选择 J2: J22、L2: L22、C23: L25 三个单元格区域,单击格式工具栏中的“填充颜色”按钮旁的下三角按钮,在其下拉列表中选择黄色,效果如图 1-22 所示。

⑦选中 D3: I22 单元格区域,单击“开始”选项卡中“样式”组里的“条件格式”按钮,再在下拉菜单中单击“突出显示单元格规划”命令里的“大于”按钮,在弹出的“大于”对话框中,左边框中输入 20,如图 1-23 所示,右边框中选择“自定义格式...”,在弹出的“单元格格式”对话框中将字体设置为加粗蓝色,如图 1-24 所示。

	A	B	C	D	E	F	G	H	I	J	K	L
1	2017年度上半年腾飞公司电器销售统计表											
2	代理商	产品类型	产品名称	一月(台)	二月(台)	三月(台)	四月(台)	五月(台)	六月(台)	销售量(台)	单价(元)	销售额(元)
3	代理商1	彩电	TCL	10	12	5	13	25	15		3500	
4	代理商2	冰箱	西门子	8	15	18	12	29	36		5800	
5	代理商3	洗衣机	惠而浦	15	14	15	25	28	21		4000	
6	代理商4	微波炉	格兰仕	16	11	12	13	25	29		750	
7	代理商5	空调	格力	32	10	36	18	18	22		1025	
8	代理商6	抽油烟机	老板	12	25	25	20	21	31		1860	
9	代理商7	彩电	夏普	8	29	7	27	15	28		1200	
10	代理商8	冰箱	海尔	9	30	19	29	21	17		1800	
11	代理商9	洗衣机	小天鹅	12	18	14	30	27	16		1600	
12	代理商10	空调	美的	25	16	24	35	28	23		3500	
13	代理商11	冰箱	博世	18	25	10	12	26	24		2080	
14	代理商12	洗衣机	小鸭	23	19	13	10	16	18		2100	
15	代理商13	空调	海尔	21	20	16	8	14	16		1850	
16	代理商14	洗衣机	容声	18	15	18	31	15	35		1800	
17	代理商15	空调	博世	17	17	25	9	11	38		2900	
18	代理商16	冰箱	美的	30	10	29	11	27	32		1560	
19	代理商17	空调	海尔	28	8	36	15	30	29		1200	
20	代理商18	彩电	松下	15	16	38	17	29	21		1050	
21	代理商19	冰箱	三星	9	35	16	21	18	11		7500	
22	代理商20	抽油烟机	方太	10	31	25	20	15	8		5600	
23			每月总销售量									
24			最高销售量									
25			最低销售量									
26												

图 1-22　设置后单元格样式

图 1-23　“大于”对话框

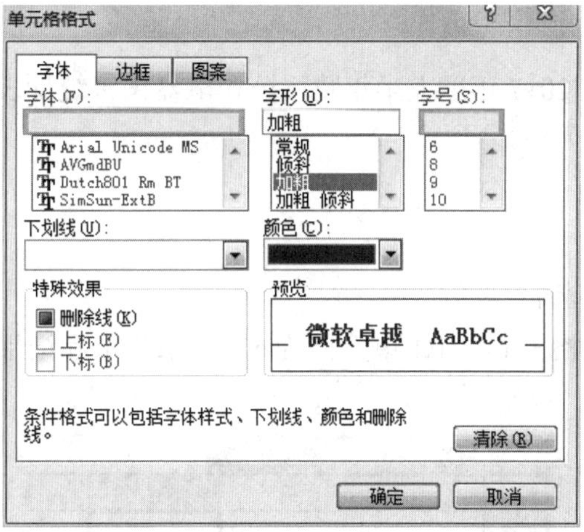

图 1-24　设置自定义格式时的“单元格格式”对话框

⑧选中 D3: I22 单元格区域,单击“开始”选项卡中“样式”组里的“条件格式”按钮,再在下拉菜单中单击“突出显示单元格规划”命令里的“等于”按钮,在弹出的“等于”对话框中,左边框中输入 20,右边框中选择“自定义格式...”,在弹的“单元格格式”对话框中将字体设置为加粗蓝色。

⑨表格最终效果如图 1-25 所示。

	A	B	C	D	E	F	G	H	I	J	K	L
1	2017年度上半年腾飞公司电器销售统计表											
2	代理商	产品类型	产品名称	一月(台)	二月(台)	三月(台)	四月(台)	五月(台)	六月(台)	销售量(台)	单价(元)	销售额(元)
3	代理商1	彩电	TCL	10	12	5	13	25	15		3500	
4	代理商2	冰箱	西门子	8	15	18	12	29	36		5800	
5	代理商3	洗衣机	惠而浦	15	14	15	25	28	21		4000	
6	代理商4	微波炉	格兰仕	16	11	12	13	25	29		750	
7	代理商5	空调	格力	32	10	36	18	18	22		1025	
8	代理商6	抽油烟机	老板	12	25	25	20	21	31		1860	
9	代理商7	彩电	夏普	8	29	7	27	15	28		1200	
10	代理商8	冰箱	海尔	9	30	19	29	21	17		1800	
11	代理商9	洗衣机	小天鹅	12	18	14	30	27	16		1600	
12	代理商10	空调	美的	25	16	24	35	28	23		3500	
13	代理商11	冰箱	博世	18	25	10	12	26	24		2080	
14	代理商12	洗衣机	小鸭	23	19	13	10	16	18		2100	
15	代理商13	空调	海尔	21	20	16	8	14	16		1850	
16	代理商14	洗衣机	容声	18	15	18	31	15	35		1800	
17	代理商15	空调	博世	17	17	25	9	11	38		2900	
18	代理商16	冰箱	美的	30	10	29	11	27	32		1560	
19	代理商17	空调	海尔	28	8	36	15	30	29		1200	
20	代理商18	彩电	松下	15	16	38	17	29	21		1050	
21	代理商19	冰箱	三星	9	35	16	21	18	11		7500	
22	代理商20	抽油烟机	方太	10	31	25	20	15	8		5600	
23			每月总销售量									
24			最高销售量									
25			最低销售量									
26												

图 1-25　表格最终效果

任务四　数据计算销售统计情况

一、任务概述

运用公式和函数对“2017 年度上半年腾飞公司电器销售统计表”进行数据计算。

二、知识点介绍

1. 求和计算

1）两个单元格相加求和

例如，已知 A1 单元格为 64，B1 单元格为 51，要求将求和结果显示在 C1 单元格中，如图 1-26 所示。

C1		fx	
	A	B	C
1	64	51	
2			
3			

图 1-26　两个单元格相加求和

①选中 C1 单元格。

②在编辑栏中输入“=A1+B1”。

③按 Enter 键，相加结果就会显示在 C1 单元格中。

2）将多行或多列批量求和

例如，将 A 列中数据与 B 列中数据相加求和，要求将求和结果显示在 C 列中，如图 1-27 所示。

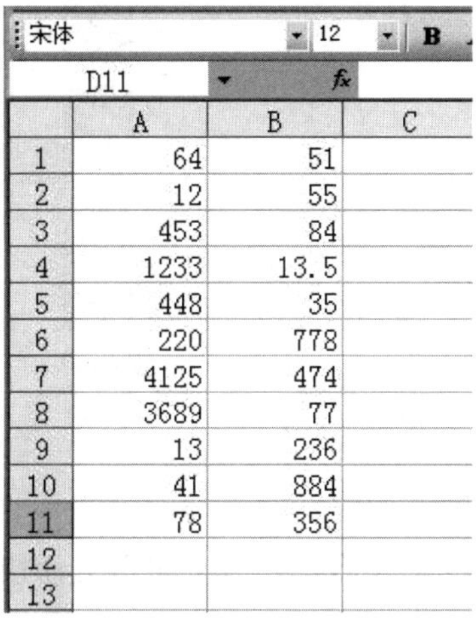

D11

	A	B	C
1	64	51	
2	12	55	
3	453	84	
4	1233	13.5	
5	448	35	
6	220	778	
7	4125	474	
8	3689	77	
9	13	236	
10	41	884	
11	78	356	
12			
13			

图 1-27　将多行或多列批量求和

①选中 C1 单元格，在编辑栏中输入“=A1+B1”，然后按 Enter 键，结果显示在 C1 单元格中，如图 1-28 所示。

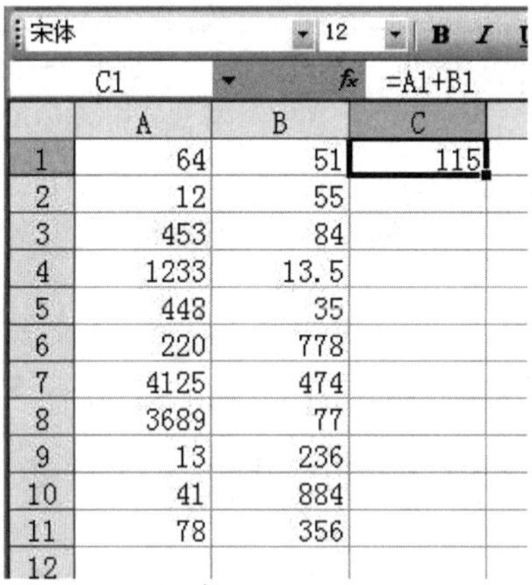

C1　=A1+B1

	A	B	C
1	64	51	115
2	12	55	
3	453	84	
4	1233	13.5	
5	448	35	
6	220	778	
7	4125	474	
8	3689	77	
9	13	236	
10	41	884	
11	78	356	
12			

图 1-28　显示结果

②将光标移动到 C1 单元格右下角，当光标变成黑色十字填充柄时，按住鼠标左键不放，拖动至 C11 单元格，如图 1-29 所示。此时，A 列与 B 列的相加结果就全部显示在 C 列中，如图 1-30 所示。

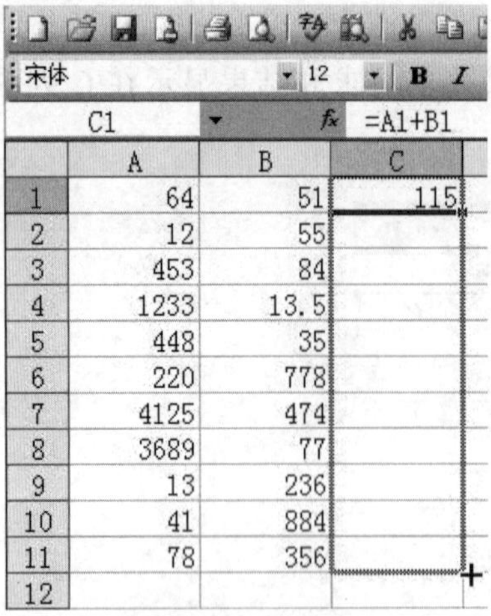

图 1-29 拖动光标

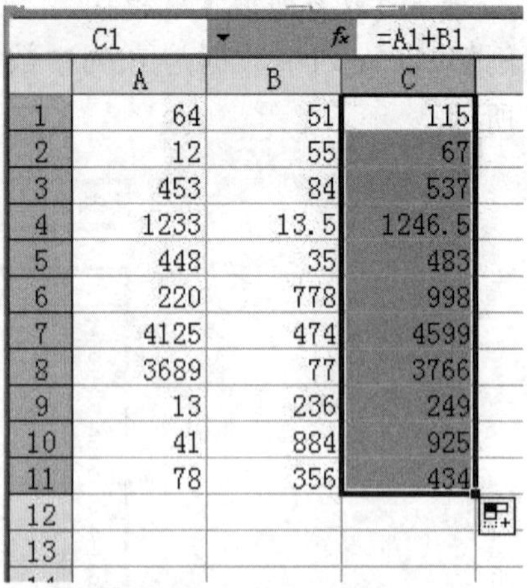

图 1-30 最终结果

3）自动求和

Excel 工具栏中提供的“自动求和”运算功能，可以方便快捷地计算数据累加的结果。

（1）按行求和

例如，已知 A1 单元格为 68，B1 单元格为 51，C1 单元格为 70，要求将求和结果显示在 D1 单元格中，如图 1-31 所示。

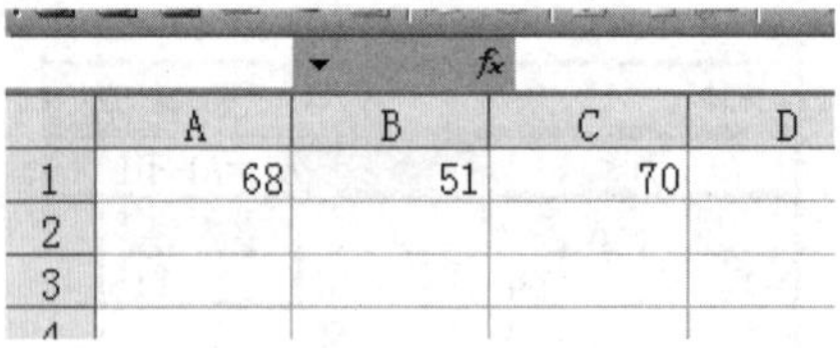

图 1-31 按行求和

①选中 A1:C1 单元格区域。

②单击“开始”选项卡中“编辑”组里的“自动求和”按钮 Σ 自动求和 ▾ 。

③ D1 单元格自动显示 A1:C1 单元格的和。

（2）按列求和

例如，已知 A1 单元格为 68，A2 单元格为 51，A3 单元格为 70，要求将求和结果显示在 A4 单元格中，如图 1-32 所示。

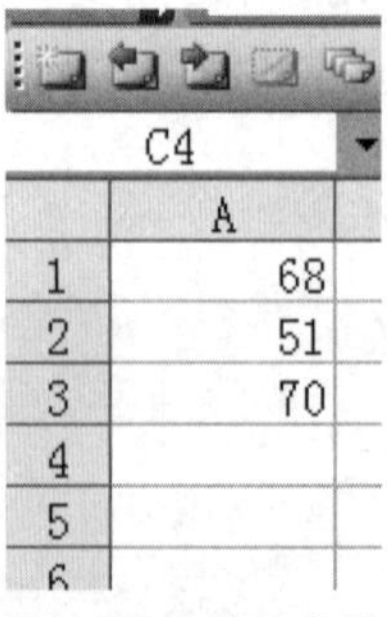

图 1-32 按列求和

①选中 A1:A3 单元格区域。

②单击“开始”选项卡中“编辑”组里的“自动求和”按钮 Σ 自动求和 ▾。

③ A4 单元格自动显示 A1:A3 单元格的和。

4）函数求和

使用 SUM 函数可以计算单元格区域中所有数值的和。

例如，如图 1-33 所示，在 E4 单元格计算 A1:D3 单元格中数值的和。

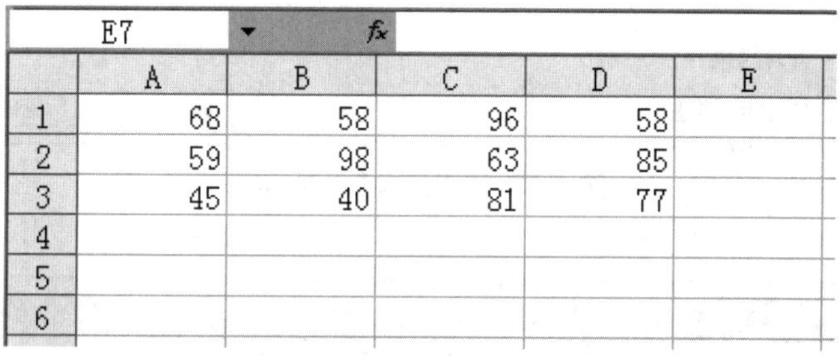
E7 ▾ fx

	A	B	C	D	E
1	68	58	96	58	
2	59	98	63	85	
3	45	40	81	77	
4					
5					
6					

图 1-33　函数求和

①选中 E4 单元格。

②单击“公式”选项卡中“函数库”组里的“插入函数”按钮，在弹出的“插入函数”对话框中“选择函数”列表框里选择 SUM 函数，单击“确定”按钮，如图 1-34 所示。

③在弹出的“函数参数”对话框中，选择计算区域参数 A1:D3，如图 1-35 所示。

④确认无误后，单击“确定”按钮，则计算结果就显示在 E4 单元格中，如图 1-36 所示。

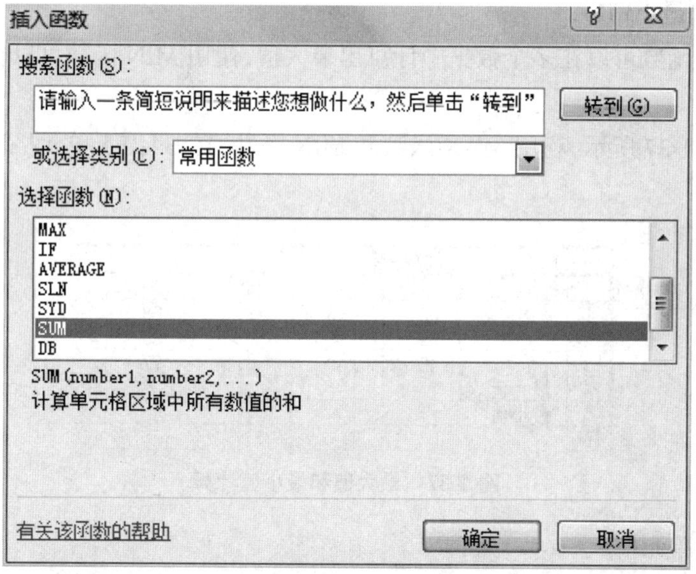

图 1-34　“插入函数”对话框

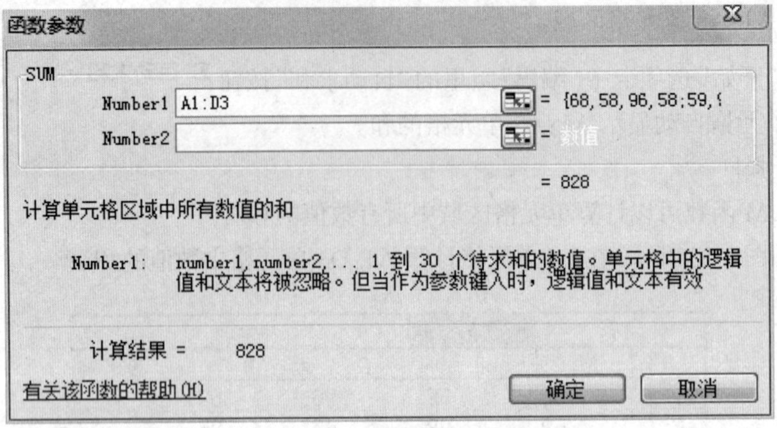

图 1-35 “函数参数”对话框

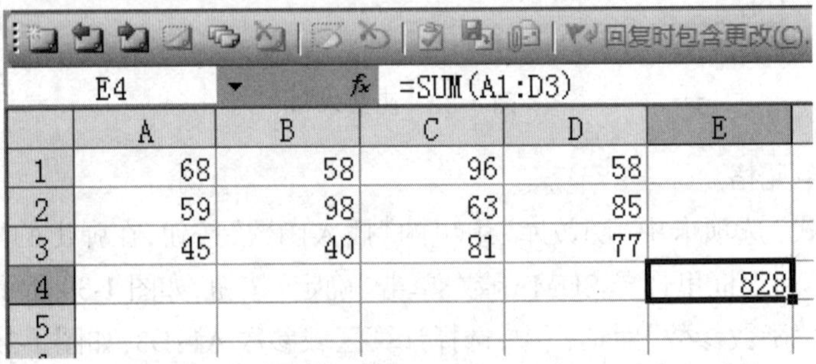

	A	B	C	D	E
1	68	58	96	58	
2	59	98	63	85	
3	45	40	81	77	
4					828
5					

图 1-36 最终结果

2. 最大值和最小值

使用 MAX 函数可以在多个数据中计算出最大值，使用 MIN 函数可以在多个数据中计算出最小值。

例如：如图 1-37 所示，利用 MAX 函数和 MIN 函数，在 B4：E5 单元格区域中计算最大值和最小值。

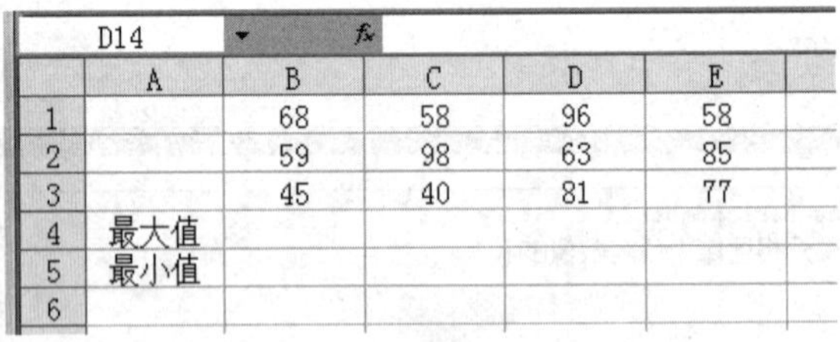

	A	B	C	D	E
1		68	58	96	58
2		59	98	63	85
3		45	40	81	77
4	最大值				
5	最小值				
6					

图 1-37 最大值和最小值计算

①选中 B4 单元格。

②单击“公式”选项卡中“函数库”组里的“插入函数”按钮，在弹出的“插入函数”对话框中“选择函数”列表框里选择 MAX 函数，如图 1-38 所示。

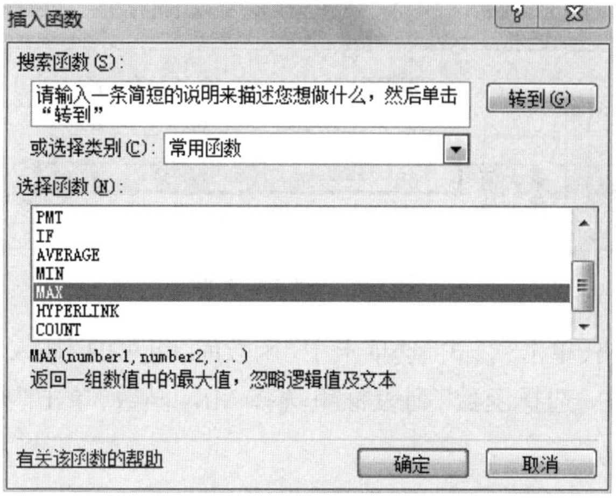

图 1-38 “插入函数”对话框

③在弹出的“函数参数”对话框中，选择计算区域参数 B1:B3，如图 1-39 所示。

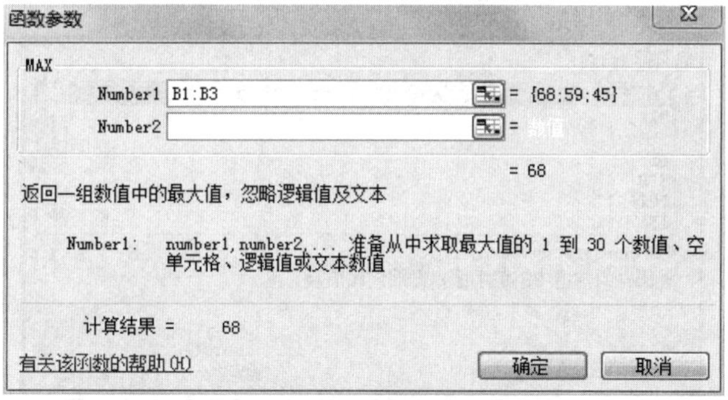

图 1-39 “函数参数”对话框

④确认无误后，单击“确定”按钮，则计算结果就显示在 B4 单元格中，如图 1-40 所示。

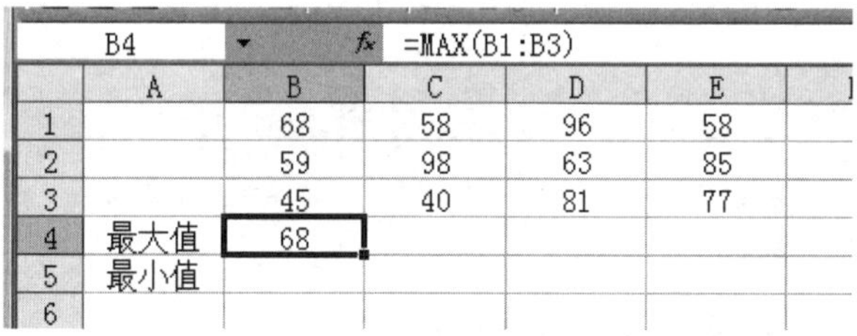

图 1-40 显示计算结果

⑤将光标移至 B4 单元格右下角，当出现黑色十字填充柄时，按住鼠标左键不放，拖动至 E4 单元格，则显示其他数列最大值，如图 1-41 所示。

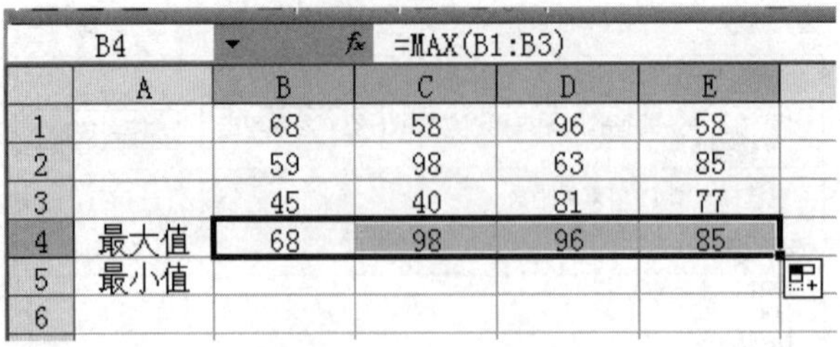

图 1-41　显示最大值

⑥选中 B5 单元格，单击“公式”选项卡中“函数库”组里的“插入函数”按钮，在弹出的“插入函数”对话框中“选择函数”列表框里选择 MIN 函数，单击“确定”按钮，如图 1-42 所示。

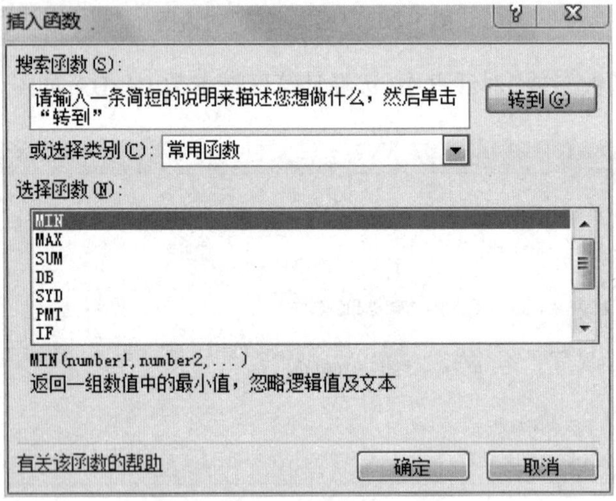

图 1-42　“插入函数”对话框

⑦在弹出的“函数参数”对话框中，选择计算区域参数 B1:B3，如图 1-43 所示。

⑧确认无误后，单击“确定”按钮，则计算结果就显示在 B5 单元格中，如图 1-44 所示。

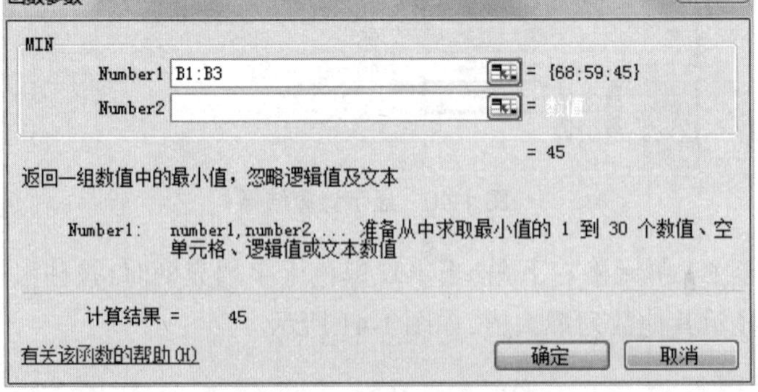

图 1-43　“函数参数”对话框

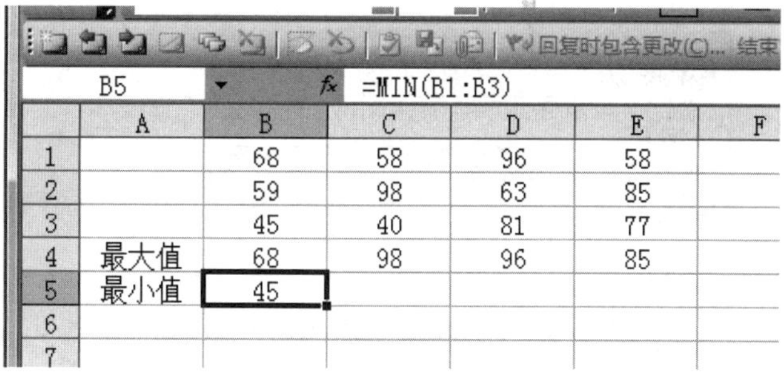

B5　=MIN(B1:B3)

	A	B	C	D	E	F
1		68	58	96	58	
2		59	98	63	85	
3		45	40	81	77	
4	最大值	68	98	96	85	
5	最小值	45				
6						
7						

图 1-44　显示计算结果

⑨将光标移至 B5 单元格右下角，当出现黑色十字填充柄时，按住鼠标左键不放，拖动至 E5 单元格，则显示其他数列最小值，如图 1-45 所示。

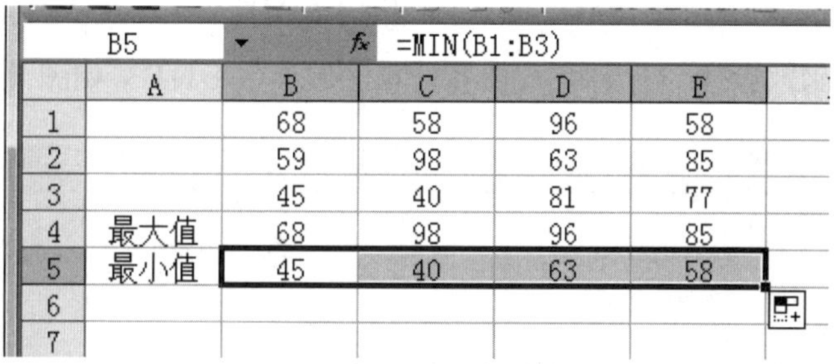

B5　=MIN(B1:B3)

	A	B	C	D	E
1		68	58	96	58
2		59	98	63	85
3		45	40	81	77
4	最大值	68	98	96	85
5	最小值	45	40	63	58
6					
7					

图 1-45　显示最小值

3. 平均值

使用 AVERAGE 函数可以计算多个数据的平均值。

例如：如图 1-46 所示，利用 AVERAGE 函数，在 B4：E4 单元格区域中计算平均值，其结果保留两位小数。

①选中 B4 单元格。

②单击“公式”选项卡中“函数库”组里的“插入函数”按钮，在弹出的“插入函数”对话框中“选择函数”列表框里选择 AVERAGE 函数，单击“确定”按钮，如图 1-47 所示。

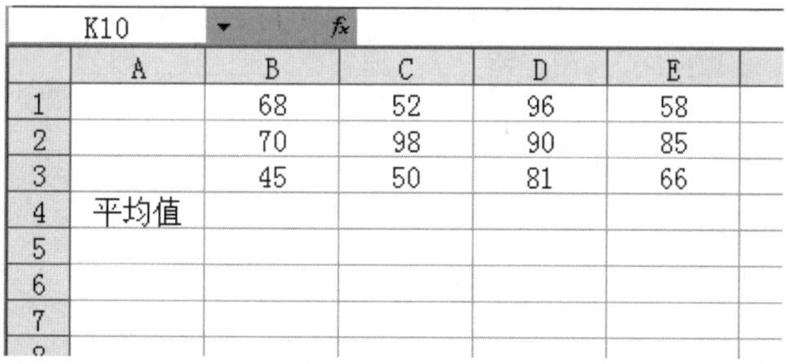

K10

	A	B	C	D	E
1		68	52	96	58
2		70	98	90	85
3		45	50	81	66
4	平均值				
5					
6					
7					

图 1-46　平均值计算

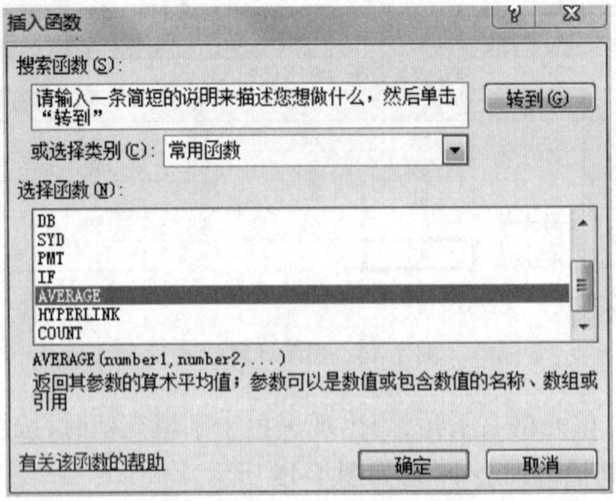

图 1-47 “插入函数”对话框

③在弹出的“函数参数”对话框中，选择计算区域参数 B1:B3，如图 1-48 所示。

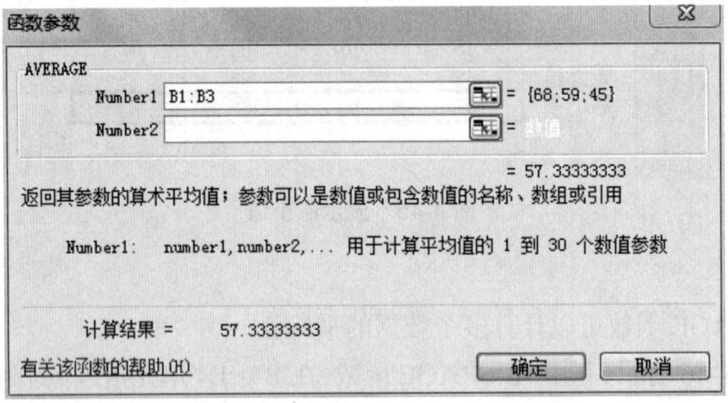

图 1-48 “函数参数”对话框

④确认无误后，单击“确定”按钮，则计算结果就显示在 B4 单元格中，如图 1-49 所示。

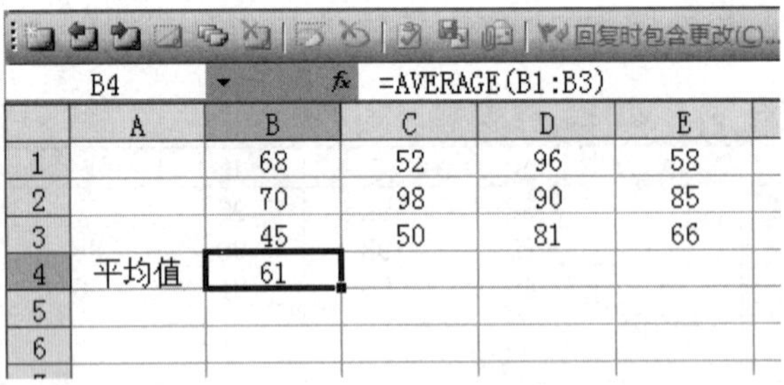

图 1-49 显示计算结果

⑤利用自动填充，在 C4:E4 单元格区域完成平均值计算，如图 1-50 所示。

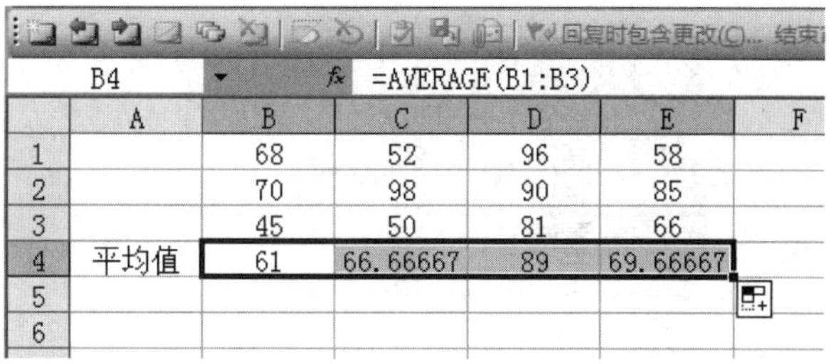

图 1-50　显示平均值

⑥选中 B4:E4 单元格区域，单击“开始”选项卡中“单元格”组里的“格式”按钮，在下拉菜单中选择“设置单元格格式”命令，打开“单元格格式”对话框并切换到“数字”选项卡，设置“分类”为“数值”，“小数位数”为“2”，如图 1-51 所示，单击“确定”按钮，最终结果如图 1-52 所示。

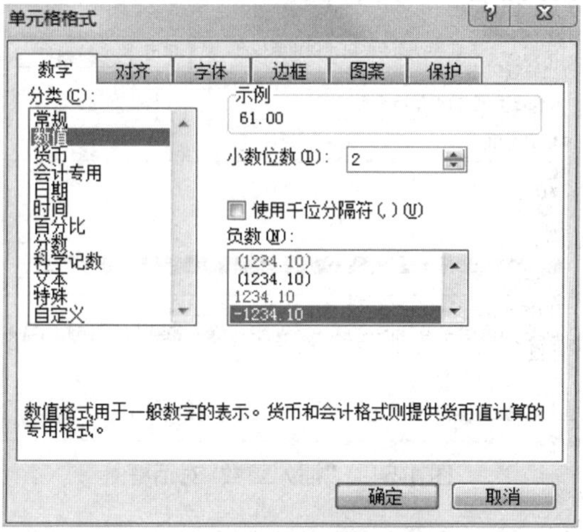

图 1-51　“单元格格式”对话框

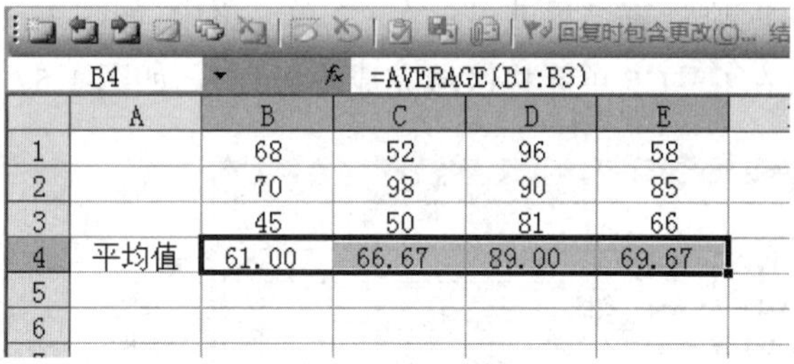

图 1-52　最终结果

4. IF 函数

在 Excel 执行真假值判断，根据逻辑计算的真假值，返回不同结果，可以使用 IF 函数对数值和公式进行条件检测。

例如，如图 1-53 所示，利用 IF 函数在 C 列将成绩大于或等于 60 分的显示为合格，成绩小于 60 分的显示为不合格。

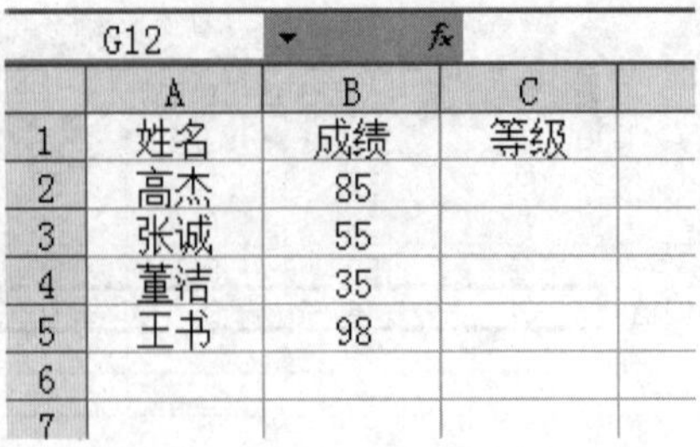

G12			
	A	B	C
1	姓名	成绩	等级
2	高杰	85	
3	张诚	55	
4	董洁	35	
5	王书	98	
6			
7			

图 1-53　IF 函数

①选中 C2 单元格。

②单击“公式”选项卡中“函数库”组里的“插入函数”按钮,在弹出的“插入函数”对话框中“选择函数”列表框里选择 IF 函数,单击“确定”按钮,如图 1-54 所示。

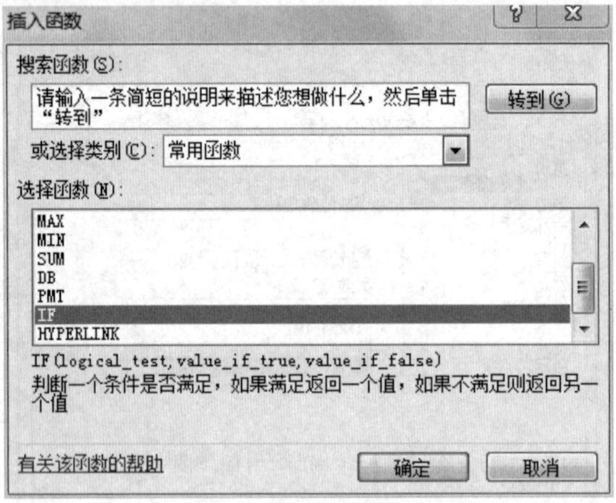

图 1-54　“插入函数”对话框

③在弹出的“函数参数”对话框中,设置函数参数“Logical_test”为“B2>=60”,“Value_if_true”为“合格”,“Value_if_false”为“不合格”,如图 1-55 所示。

④单击“确定”按钮,则计算结果就显示在 C2 单元格中,如图 1-56 所示。

⑤利用自动填充,在 C3:C5 单元格区域完成等级划分,如图 1-57 所示。

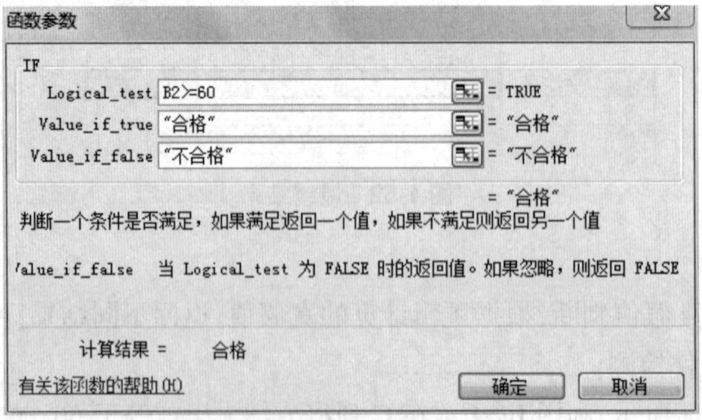

图 1-55　“函数参数”对话框

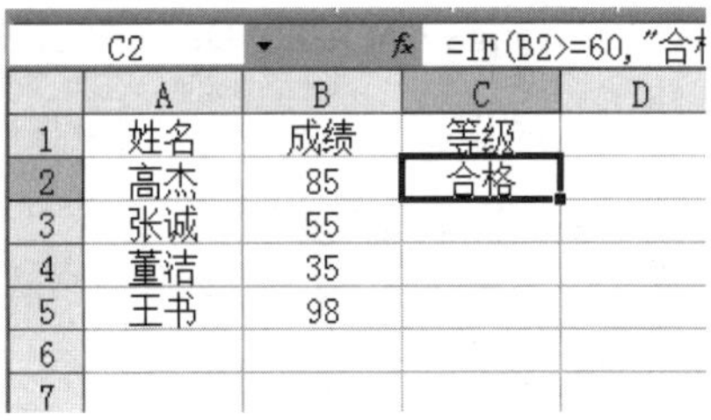

图 1-56 显示计算结果

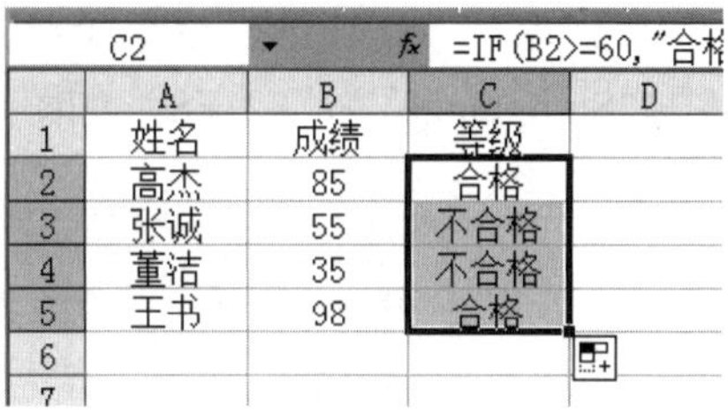

图 1-57 最终结果

5. SUMIF 函数

根据指定条件对若干单元格求和。Excel 中 SUMIF 函数的用法是根据指定条件对若干单元格、区域或引用求和。

例如，在如图 1-58 所示的学生期末考试成绩清单中，要求利用 SUMIF 函数在 F9 单元格计算出数学成绩超过 85 分的同学总分之和。

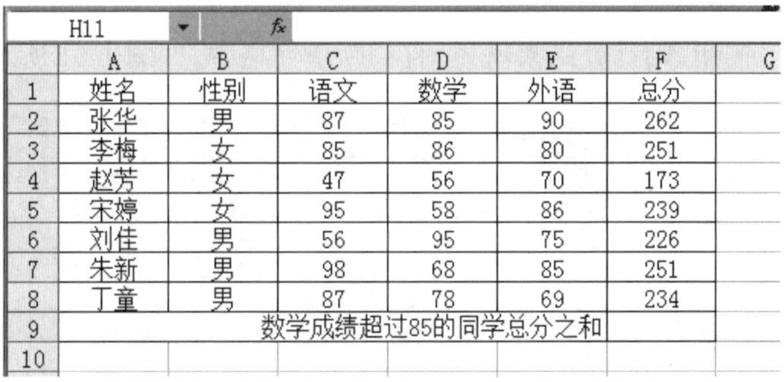

	A	B	C	D	E	F	G
1	姓名	性别	语文	数学	外语	总分	
2	张华	男	87	85	90	262	
3	李梅	女	85	86	80	251	
4	赵芳	女	47	56	70	173	
5	宋婷	女	95	58	86	239	
6	刘佳	男	56	95	75	226	
7	朱新	男	98	68	85	251	
8	丁童	男	87	78	69	234	
9	数学成绩超过85的同学总分之和						
10							

图 1-58 SUMIF 函数

①选中 F9 单元格。

②单击“公式”选项卡中“函数库”组里的“插入函数”按钮，在弹出的“插入函数”对话框中“选择函数”列表框里选择 SUMIF 函数，单击“确定”按钮，如图 1-59 所示。

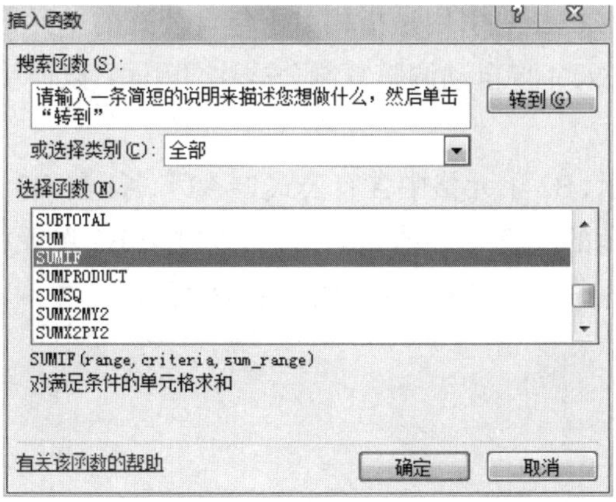

图 1-59 “插入函数”对话框

③在弹出的“函数参数”对话框中，设置函数参数“Range”为“D2：D8”，“Criteria”为“>85”，“Sum_range”为“F2:F8”，如图 1-60 所示。

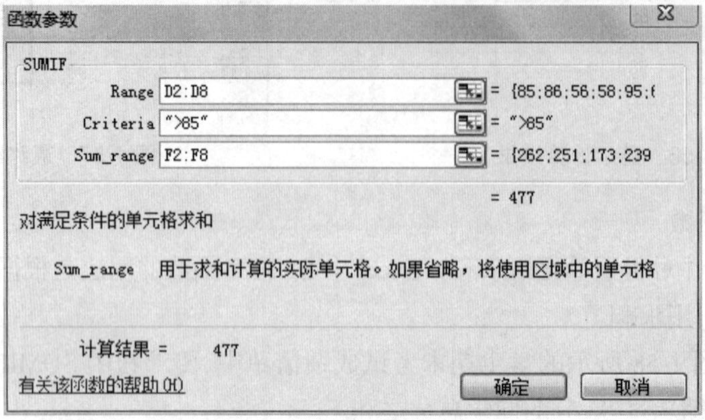

图 1-60 “函数参数”对话框

④单击“确定”按钮，则计算结果就显示在 F9 单元格中，如图 1-61 所示。

K16

	A	B	C	D	E	F
1	姓名	性别	语文	数学	外语	总分
2	张华	男	87	85	90	262
3	李梅	女	85	86	80	251
4	赵芳	女	47	56	70	173
5	宋婷	女	95	58	86	239
6	刘佳	男	56	95	75	226
7	朱新	男	98	68	85	251
8	丁童	男	87	78	69	234
9	数学成绩超过85的同学总分之和					477
10						
11						

图 1-61 最终结果

6. 相对引用和绝对引用

1）相对引用

单元格或单元格区域的相对引用是指相对于包含公式的单元格的相对位置。在复制包含相对引用的公式时，Excel 将自动调整复制公式中的引用，以便引用相对于当前公式位置的其他单元格。

例如，如图 1-62 所示，B2 单元格中含有公式“=A1”，A1 是 B2 左上方的单元格，使用光标拖动 B2 单元格右下角的黑色十字填充柄，将其复制至 B3 单元格时，其中的公式则改为“=A2”，A2 是 B3 单元格 左上方的单元格，如图 1-63 所示。

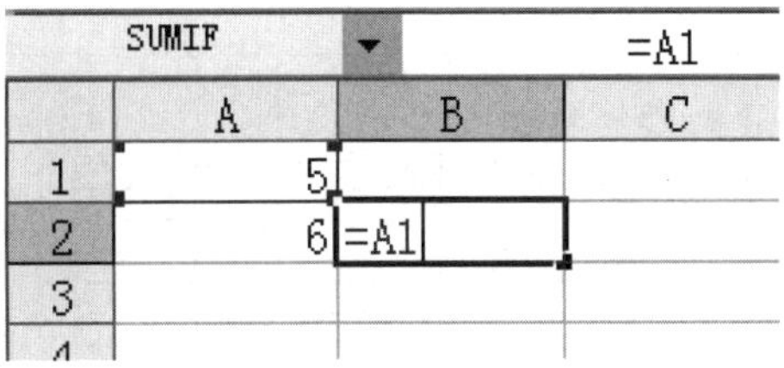

图 1-62　相对引用(1)

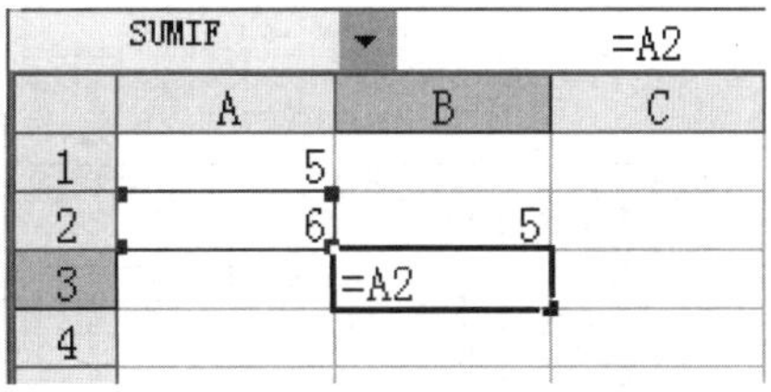

图 1-63　相对引用(2)

2)绝对引用

绝对引用是指引用单元格的绝对名称。

例如,如果 A4 单元格中的公式为 A1 单元格乘以 A2 单元格（=A1*A2),现在将公式复制到另一单元格中,则 Excel 将调整公式中的两个引用。如果不希望这种引用发生改变,须在引用的"行号"和"列号"前加上美元符号($),这样就是单元格的绝对引用。即在 A4 单元格中输入公式"=$A$1*$A$2",此时，A4 单元格中的公式到任何一个单元格其值都不会改变。

3)相对引用与绝对引用之间的切换

如果创建了一个公式并希望将相对引用更改为绝对引用,那么操作步骤如下。

①选中包含该公式的单元格。

②在编辑栏中选择要更改的引用并按 F4 键。

③每次按 F4 键时，Excel 会在以下组合间切换:绝对列与绝对行(例如，$A$1)、相对列与绝对行(A$1)、绝对列与相对行($A1)、相对列与相对行(A1)。

例如,在公式中选择地址 $A$1 并按 F4 键,引用将变为 A$1,再一次按 F4 键,引用将变为 $A1,以此类推。

三、任务实施

【实施内容】

根据需要,对"2017 年度上半年腾飞公司电器销售统计表"进行简单的数据计算。

①利用函数计算销售统计表中上半年电器的销售总量、每月总销售量、最高销售量和最低销售量。

②利用公式在相应单元格区域计算 2017 年度上半年电器的销售额。

③在 L26 单元格中计算出洗衣机的销售额合计。

【具体操作】

①选中 J3 单元格,单击"开始"选项卡中"编辑"组里的"自动求和"按钮,如图 1-64 所示。

IF　=SUM(D3:I3)

	A	B	C	D	E	F	G	H	I	J	K	L
1	2017年度上半年腾飞公司电器销售统计表											
2	代理商	产品类型	产品名称	一月(台)	二月(台)	三月(台)	四月(台)	五月(台)	六月(台)	销售量(台)	单价(元)	销售额(元)
3	代理商1	彩电	TCL	10	12	5	13	25		=SUM(D3:I3)		
4	代理商2	冰箱	西门子	8	15	18	12	29	36		5800	
5	代理商3	洗衣机	惠而浦	15	14	15	25	28	21		4000	
6	代理商4	微波炉	格兰仕	16	11	12	13	25	29		750	
7	代理商5	空调	格力	32	10	36	18	18	22		1025	
8	代理商6	抽油烟机	老板	12	25	25	20	21	31		1860	
9	代理商7	彩电	夏普	8	29	7	27	15	28		1200	
10	代理商8	冰箱	海尔	9	30	19	29	21	17		1800	
11	代理商9	洗衣机	小天鹅	12	18	14	30	27	16		1600	
12	代理商10	空调	美的	25	16	24	35	28	23		3500	
13	代理商11	冰箱	博世	18	25	10	12	26	24		2080	
14	代理商12	洗衣机	小鸭	23	19	13	10	16	18		2100	
15	代理商13	空调	海尔	21	20	16	8	14	16		1850	
16	代理商14	洗衣机	容声	18	15	18	31	15	35		1800	
17	代理商15	空调	博世	17	17	25	9	11	38		2900	
18	代理商16	冰箱	美的	30	10	29	11	27	32		1560	
19	代理商17	空调	海尔	28	8	36	15	30	29		1200	
20	代理商18	彩电	松下	15	16	38	17	29	21		1050	
21	代理商19	冰箱	三星	9	35	16	21	18	11		7500	
22	代理商20	抽油烟机	方太	10	31	25	20	15	8		5600	
23			每月总销售量									
24			最高销售量									
25			最低销售量									
26												

图 1-64　自动求和

②确认计算区域准确无误后，按 Enter 键，则在 J3 单元格自动显示 TCL 彩电一月至六月销售量的总和。

③利用自动填充，可以计算出 J4：J22 单元格区域中电器的销售量总和，如图 1-65 所示。

④参照步骤①～③，可以在 D23：K23 单元格区域中得出每月总销售量（包括总销售量和单价汇总）。

⑤选中 D24 单元格，单击“公式”选项卡中“函数库”组里的“插入函数”按钮，在弹出的“插入函数”对话框中“选择函数”列表框里选择 MAX 函数，单击“确定”按钮。

N18

	A	B	C	D	E	F	G	H	I	J	K	L
1	2017年度上半年腾飞公司电器销售统计表											
2	代理商	产品类型	产品名称	一月(台)	二月(台)	三月(台)	四月(台)	五月(台)	六月(台)	销售量(台)	单价(元)	销售额(元)
3	代理商1	彩电	TCL	10	12	5	13	25	15	80	3500	
4	代理商2	冰箱	西门子	8	15	18	12	29	36	118	5800	
5	代理商3	洗衣机	惠而浦	15	14	15	25	28	21	118	4000	
6	代理商4	微波炉	格兰仕	16	11	12	13	25	29	106	750	
7	代理商5	空调	格力	32	10	36	18	18	22	136	1025	
8	代理商6	抽油烟机	老板	12	25	25	20	21	31	134	1860	
9	代理商7	彩电	夏普	8	29	7	27	15	28	114	1200	
10	代理商8	冰箱	海尔	9	30	19	29	21	17	125	1800	
11	代理商9	洗衣机	小天鹅	12	18	14	30	27	16	117	1600	
12	代理商10	空调	美的	25	16	24	35	28	23	151	3500	
13	代理商11	冰箱	博世	18	25	10	12	26	24	115	2080	
14	代理商12	洗衣机	小鸭	23	19	13	10	16	18	99	2100	
15	代理商13	空调	海尔	21	20	16	8	14	16	95	1850	
16	代理商14	洗衣机	容声	18	15	18	31	15	35	132	1800	
17	代理商15	空调	博世	17	17	25	9	11	38	117	2900	
18	代理商16	冰箱	美的	30	10	29	11	27	32	139	1560	
19	代理商17	空调	海尔	28	8	36	15	30	29	146	1200	
20	代理商18	彩电	松下	15	16	38	17	29	21	136	1050	
21	代理商19	冰箱	三星	9	35	16	21	18	11	110	7500	
22	代理商20	抽油烟机	方太	10	31	25	20	15	8	109	5600	
23			每月总销售量									
24			最高销售量									
25			最低销售量									
26												

图 1-65　自动填充

⑥在弹出的“函数参数”对话框中，选择计算区域 D3：D22，单击“确定”按钮，则 D24 单元格自动显示一月最高销售量。

⑦利用自动填充，在 E24：K24 单元格区域中得到所有月份的最高销售量（包括最高总销售量和最高单价）。

⑧选中 D25 单元格，单击“公式”选项卡中“函数库”组里的“插入函数”按钮，在弹出的“插入函数”对话框中“选择函数”列表框里选择 MIN 函数，单击“确定”按钮。

⑨在弹出的“函数参数”对话框中，选择计算区域 D3：D22，单击“确定”按钮，则 D25 单元格自动显示一月最低销售量。

⑩利用自动填充，在 E25：K25 单元格区域中得到所有月份的最低销售量（包括最低总销售量和最低单价）。

⑪ 选中 L3 单元格，在编辑栏中输入公式“=J3*K3”，如图 1-66 所示，按 Enter 键确定，则 L3 单元格自动显示 TCL 彩电一月至六月的销售额。

	A	B	C	D	E	F	G	H	I	J	K	L
1	2017年度上半年腾飞公司电器销售统计表											
2	代理商	产品类型	产品名称	一月(台)	二月(台)	三月(台)	四月(台)	五月(台)	六月(台)	销售量(台)	单价(元)	销售额(元)
3	代理商1	彩电	TCL	10	12	5	13	25	15	80	3500	
4	代理商2	冰箱	西门子	8	15	18	12	29	36	118	5800	
5	代理商3	洗衣机	惠而浦	15	14	15	25	28	21	118	4000	
6	代理商4	微波炉	格兰仕	16	11	12	13	25	29	106	750	
7	代理商5	空调	格力	32	10	36	18	18	22	136	1025	
8	代理商6	抽油烟机	老板	12	25	25	20	21	31	134	1860	
9	代理商7	彩电	夏普	8	29	7	27	15	28	114	1200	
10	代理商8	冰箱	海尔	9	30	19	29	21	17	125	1800	
11	代理商9	洗衣机	小天鹅	12	18	14	30	27	16	117	1600	
12	代理商10	空调	美的	25	16	24	35	28	23	151	3500	
13	代理商11	冰箱	博世	18	25	10	12	26	24	115	2080	
14	代理商12	洗衣机	小鸭	23	19	13	10	16	18	99	2100	
15	代理商13	空调	海尔	21	20	16	8	14	16	95	1850	
16	代理商14	洗衣机	容声	18	15	18	31	15	35	132	1800	
17	代理商15	空调	博世	17	17	25	9	11	38	117	2900	
18	代理商16	冰箱	美的	30	10	29	11	27	32	139	1560	
19	代理商17	空调	海尔	28	8	36	15	30	29	146	1200	
20	代理商18	彩电	松下	15	16	38	17	29	21	136	1050	
21	代理商19	冰箱	三星	9	35	16	21	18	11	110	7500	
22	代理商20	抽油烟机	方太	10	31	25	20	15	8	109	5600	
23			每月总销售量	336	376	401	376	438	470	-	-	
24			最高销售量	32	35	38	35	30	38	151	7500	
25			最低销售量	8	8	5	8	11	8	80	750	
26												

图 1-66 输入公式

⑫ 利用自动填充，可以自动在 L4:L25 单元格区域中计算出销售额。

⑬ 选中 L26 单元格，单击“公式”选项卡中“函数库”组里的“插入函数”按钮，在弹出的“插入函数”对话框中“选择函数”列表框里选择 SUMIF 函数，单击“确定”按钮。

⑭ 在弹出的“函数参数”对话框中，设置函数参数“Range”为“B3：B22”，“Criteria”为“洗衣机”，“Sum_range”为 K3:K22，最终显示结果如图 1-67 所示。

	A	B	C	D	E	F	G	H	I	J	K	L
1	2017年度上半年腾飞公司电器销售统计表											
2	代理商	产品类型	产品名称	一月(台)	二月(台)	三月(台)	四月(台)	五月(台)	六月(台)	销售量(台)	单价(元)	销售额(元)
3	代理商1	彩电	TCL	10	12	5	13	25	15	80	3500	280000
4	代理商2	冰箱	西门子	8	15	18	12	29	36	118	5800	684400
5	代理商3	洗衣机	惠而浦	15	14	15	25	28	21	118	4000	472000
6	代理商4	微波炉	格兰仕	16	11	12	13	25	29	106	750	79500
7	代理商5	空调	格力	32	10	36	18	18	22	136	1025	139400
8	代理商6	抽油烟机	老板	12	25	25	20	21	31	134	1860	249240
9	代理商7	彩电	夏普	8	29	7	27	15	28	114	1200	136800
10	代理商8	冰箱	海尔	9	30	19	29	21	17	125	1800	225000
11	代理商9	洗衣机	小天鹅	12	18	14	30	27	16	117	1600	187200
12	代理商10	空调	美的	25	16	24	35	28	23	151	3500	528500
13	代理商11	冰箱	博世	18	25	10	12	26	24	115	2080	239200
14	代理商12	洗衣机	小鸭	23	19	13	10	16	18	99	2100	207900
15	代理商13	空调	海尔	21	20	16	8	14	16	95	1850	175750
16	代理商14	洗衣机	容声	18	15	18	31	15	35	132	1800	237600
17	代理商15	空调	博世	17	17	25	9	11	38	117	2900	339300
18	代理商16	冰箱	美的	30	10	29	11	27	32	139	1560	216840
19	代理商17	空调	海尔	28	8	36	15	30	29	146	1200	175200
20	代理商18	彩电	松下	15	16	38	17	29	21	136	1050	142800
21	代理商19	冰箱	三星	9	35	16	21	18	11	110	7500	825000
22	代理商20	抽油烟机	方太	10	31	25	20	15	8	109	5600	610400
23			每月总销售量	336	376	401	376	438	470	–	–	6152030
24			最高销售量	32	35	38	35	30	38	151	7500	825000
25			最低销售量	8	8	5	8	11	8	80	750	79500
26										洗衣机销售额合计		1104700
27												

图 1-67 最终显示结果

任务五 制作销售统计情况图表

一、任务概述

将腾飞公司 2017 年度上半年某代理商(代理商 5)的电器销售情况生成图表。

二、知识点介绍

在 Excel 软件中,图表指的是将工作表中的数据用图形表示出来,使数据图形化,让数据对比和变化趋势一目了然。其中柱形图显示的是一段时间内数据的变化或各项数据之间的差异,强调数据随时间变化而变化;条形图显示的是特定时间内各项之间的数据变化,淡化时间;折线图显示的是某个时期内相等时间间隔的数据变化,强调时间变化率;饼图显示的是数据之间的比例关系。当工作表中的数据发生变化时,图表中对应项的数据也会自动更新。

1. 创建图表

例如,建立用于创建图表的工作表“高考学生统计表”,如图 1-68 所示。

①单击“插入”选项卡中“图表”组里的“柱形图”按钮,再在下拉菜单中单击“三维簇状柱形图”按钮,如图 1-69 所示。图表样式如图 1-70 所示。

	A	B	C
1	高考学生统计表		
2	年份	报名人数	录取人数
3	2000年	6000	2500
4	2001年	7800	3700
5	2002年	8500	4200
6	2003年	9300	5000
7	2004年	9800	5200
8	2005年	10020	6500
9	2006年	11000	6800
10	2007年	13000	7500

图 1-68　高考学生统计表

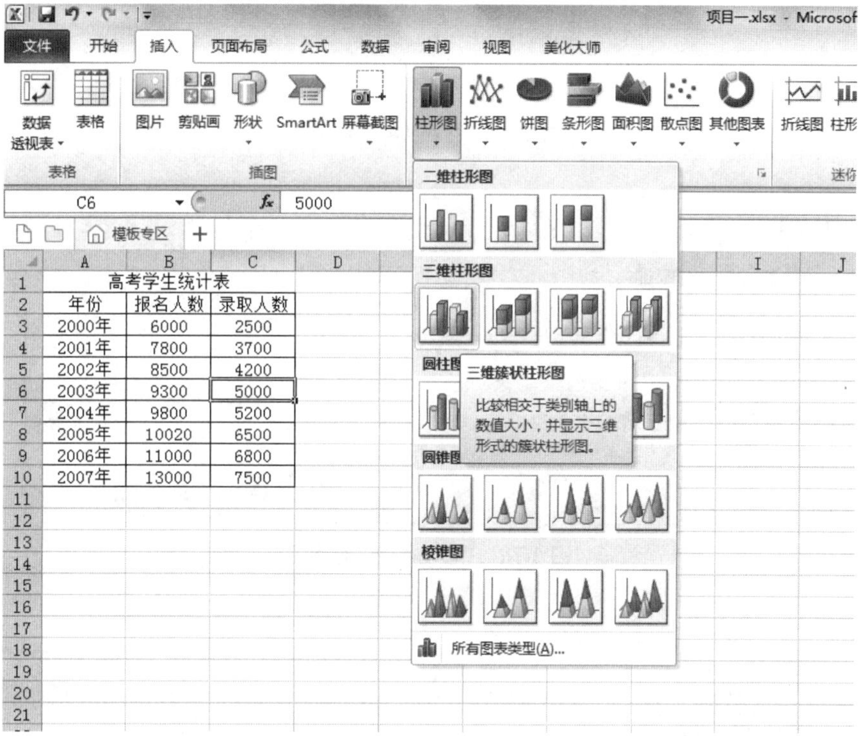

图 1-69　单击“三维簇状柱形图”按钮

②单击图表，将鼠标指针放在图表空白区的任意一个位置上，可使用鼠标拖曳图表至任意新的位置，如果图表需要作为单独的工作表插入，可单击“设计”选项卡中“位置”组里的“移动图表”按钮，在弹出的“移动图表”对话框中选择“对象位于”，如图 1-71 所示。

③单击“布局”选项卡中“标签”组里的“图表标题”“坐标轴标题”等按钮的下拉菜单进行相关设置，效果如图 1-72 所示。

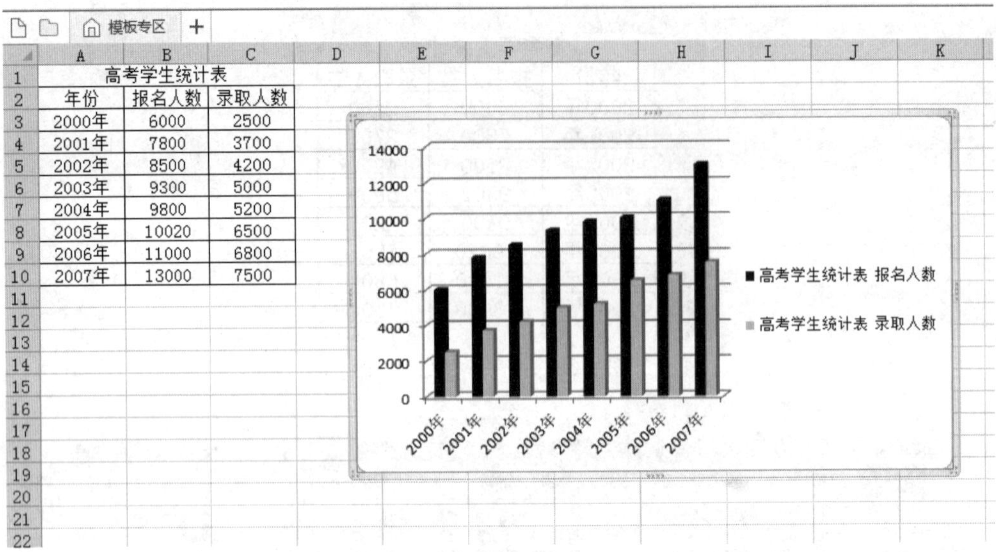

图 1-70 选择“图表样式”

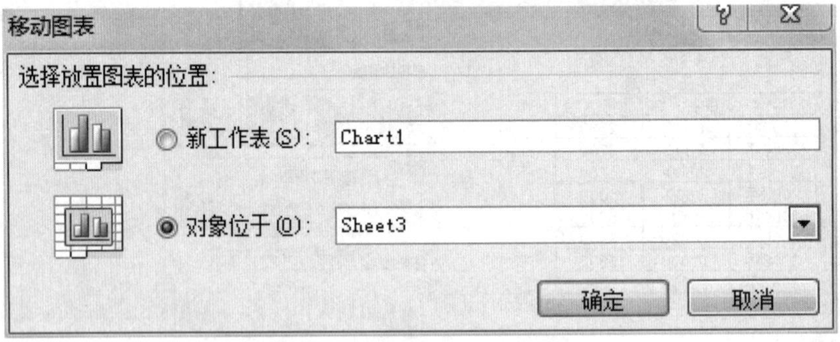

图 1-71 “移动图表”对话框

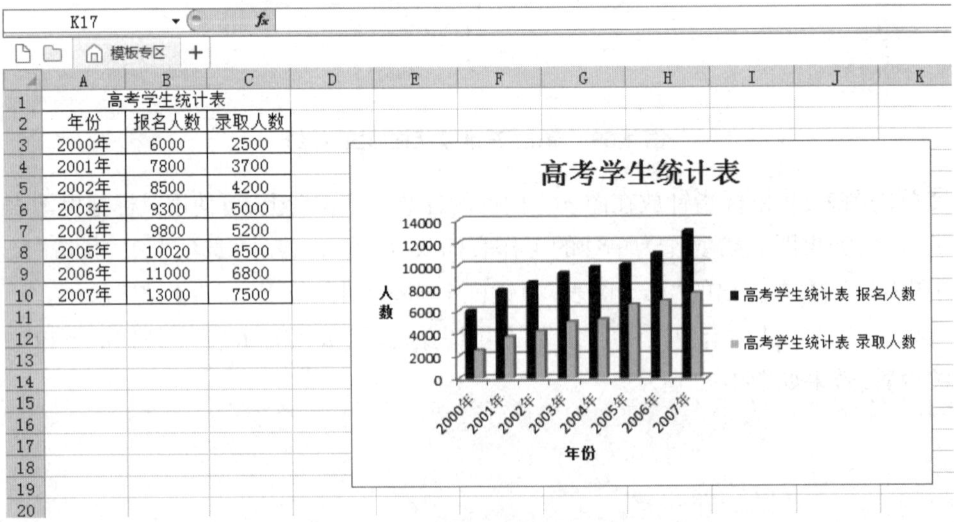

图 1-72 “高考学生统计表”效果图

2. 图表编辑

常见的图表编辑是指更改图表类型、调整图表大小、更改图表元素，如添加数据以及图表的修饰等。

1）修改图表中的数据

打开“高考学生统计表”，修改 2007 年高考录取人数，这里将“7500”改为“10000”，图表中的数据会自动改变，如图 1-73 所示。

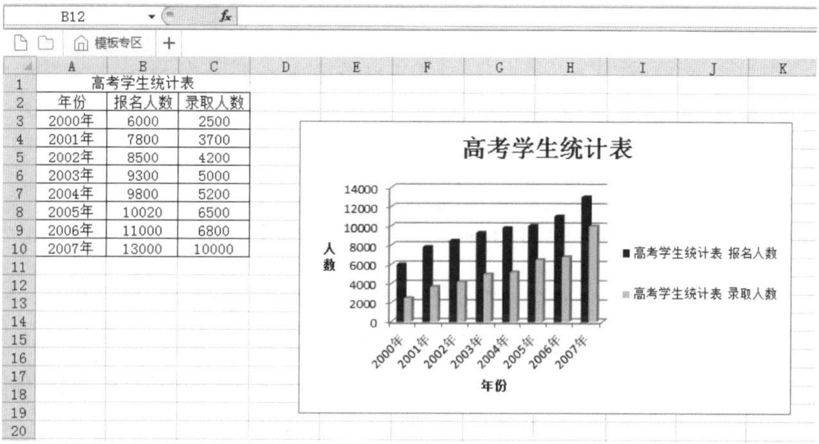

高考学生统计表		
年份	报名人数	录取人数
2000年	6000	2500
2001年	7800	3700
2002年	8500	4200
2003年	9300	5000
2004年	9800	5200
2005年	10020	6500
2006年	11000	6800
2007年	13000	10000

图 1-73　修改数据后的结果

2）添加图表中的数据

①在“高考学生统计表”工作表中新增一行，添加 2008 年的报名人数和录取人数。

②单击“设计”选项卡中“数据”组里的“选择数据”按钮，在弹出的“选择数据源”对话框中，单击“图表数据区域”文本框后面的“折叠对话框”按钮，重新选择数据区域，如图 1-74 所示。

图 1-74　在“选择数据源”对话框中重新选择数据区域

③单击“确定”按钮，将新添加的数据在图表中显示出来，如图 1-75 所示。

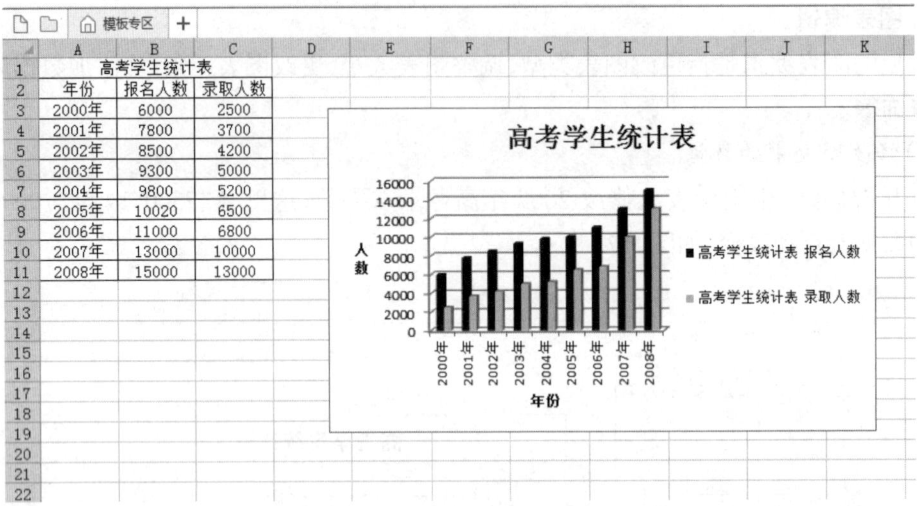

图 1-75 添加新数据后效果图

3）设置图表

①右键单击图表标题，弹出字体设置相关选项，可设置“字体”为“楷体”，“字形”为“加粗”，“字号”为“20”，“颜色”为“红色”，如图 1-76 所示。同理，横纵坐标轴的字体格式也可以进行相应的设置。

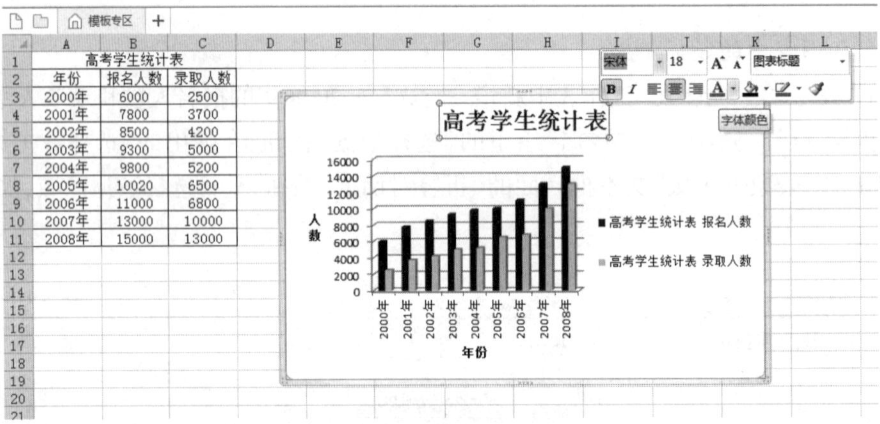

图 1-76 图表标题的字体设置

②单击垂直轴，在右键弹出的对话框中单击“设置坐标轴格式”按钮，在弹出的“设置坐标轴格式”的对话框中，选择“坐标轴选项”选项卡，在“最小值”里选中“固定”，数值输入为“0.0”，在“最大值”里选中“固定”，数值输入为“20000.0”，在“主要刻度单位”里选中“固定”，数值输入为“5000.0”，在“次要刻度单位”里选中“固定”，数值输入为“1000.0”，在“基底交叉点”里选中“坐标轴值”，数值输入为“0.0”，如图 1-77 所示。

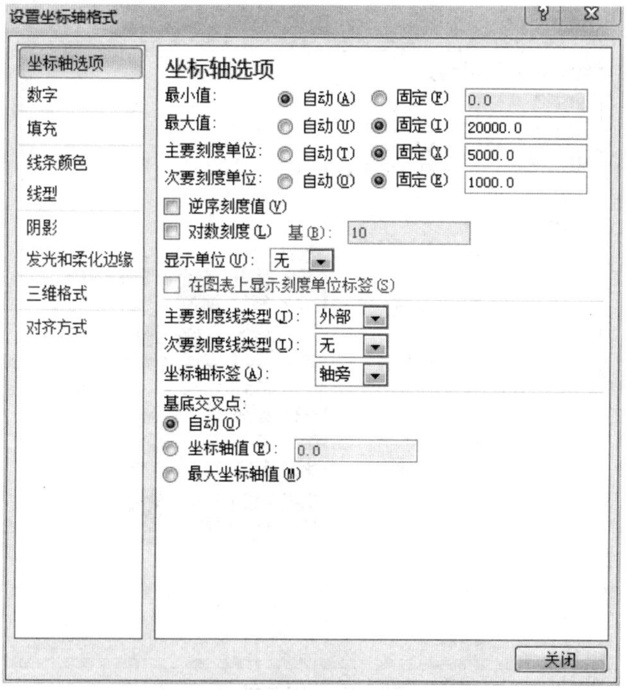

图 1-77 “设置坐标轴格式”对话框

③右键单击水平轴,在弹出的对话框中单击“设置坐标轴格式”按钮,在弹出的“设置坐标轴格式”对话框中,选择“坐标轴选项”选项卡,在“标签间隔”里选中“指定间隔单位”为“4”,如图 1-78 所示。图表效果如图 1-79 所示。

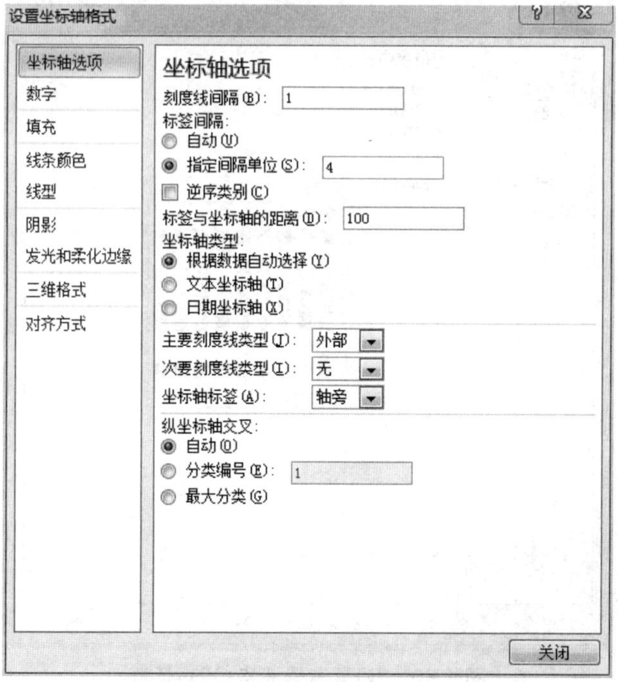

图 1-78 “设置坐标轴格式”对话框

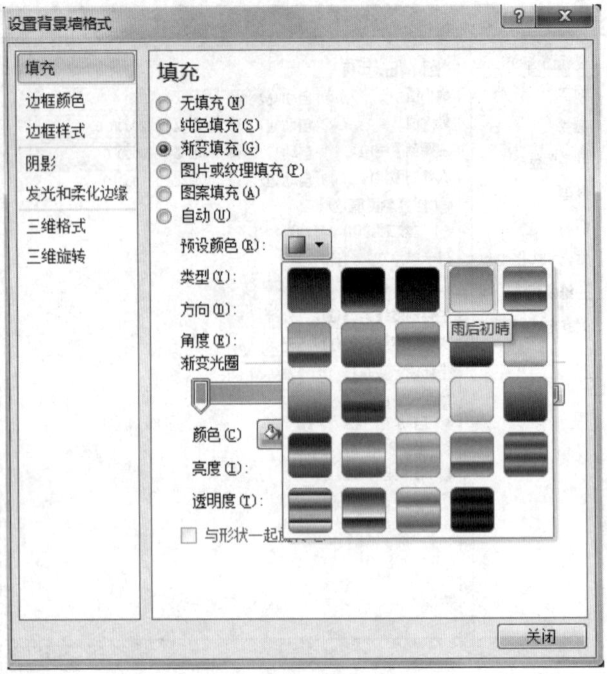

图 1-79 图表效果

④双击“背景墙”,在弹出的“设置背景墙格式”对话框中,选中“填充”选项卡中的“渐变填充”,在“预设颜色”中可以选择“雨后初晴”,如图 1-78 所示,再选中“边框颜色”选项卡中的“实线”,“颜色”选择为“红色”,如图 1-80 所示,最终图表效果如图 1-81 所示。

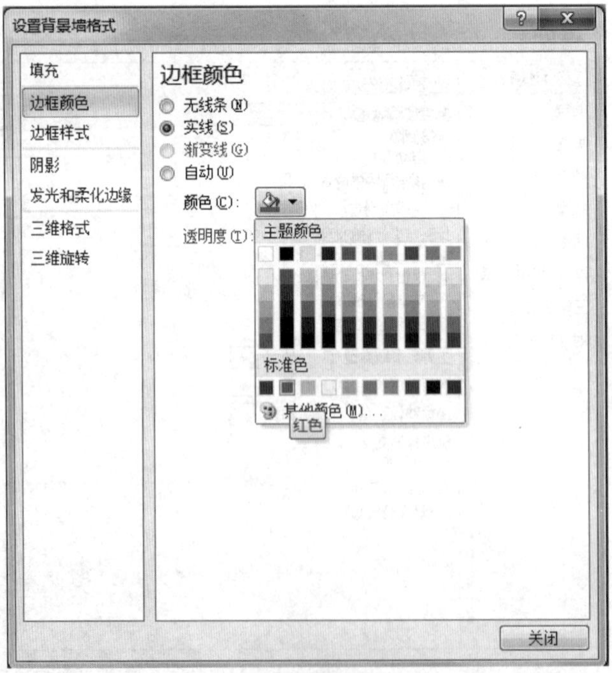

图 1-80 “设置背景墙格式”对话框

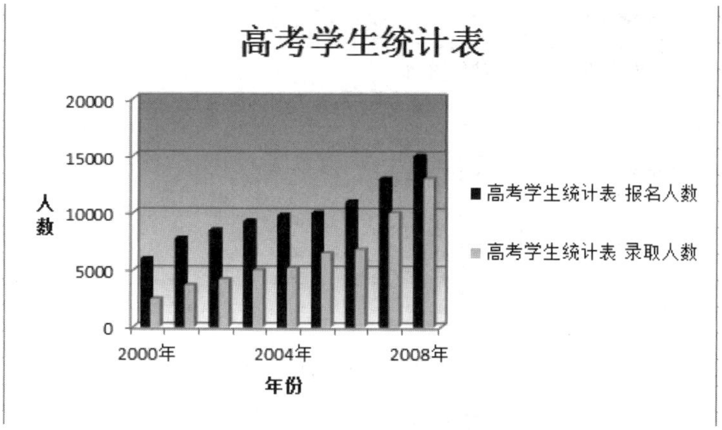

图 1-81　最终图表效果图

4）更改图表类型

①单击“插入”选项卡中“图表”组里的“折线图”按钮，再在“折线图”下拉菜单中单击“带数据标记的折线图”按钮，则柱形图变为折线图，如图 1-82 所示。

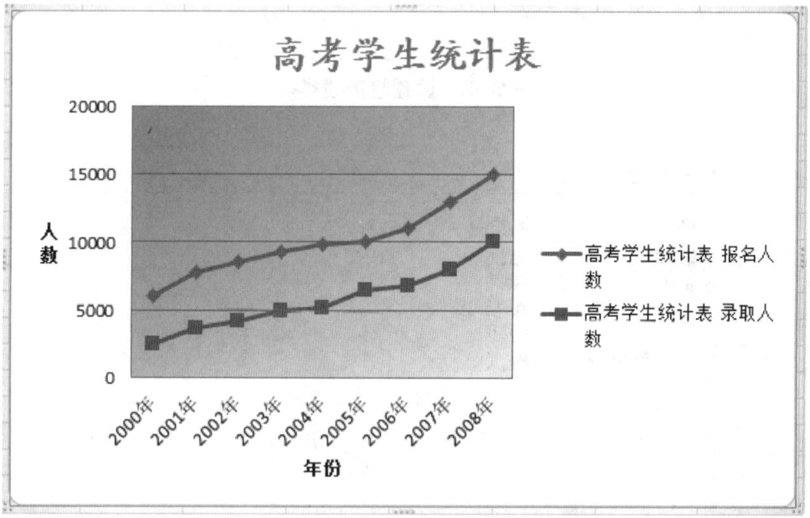

图 1-82　折线图

②单击“高考学生统计表 报名人数”，右键单击选中“添加趋势线”，在弹出的“设置趋势线”对话框中，选中“趋势线选项”选项卡中的“对数”，如图 1-83 所示，在“线条颜色”选项卡中选中“实线”，“线条颜色”为“红色”，如图 1-84 所示，效果图如图 1-85 所示。

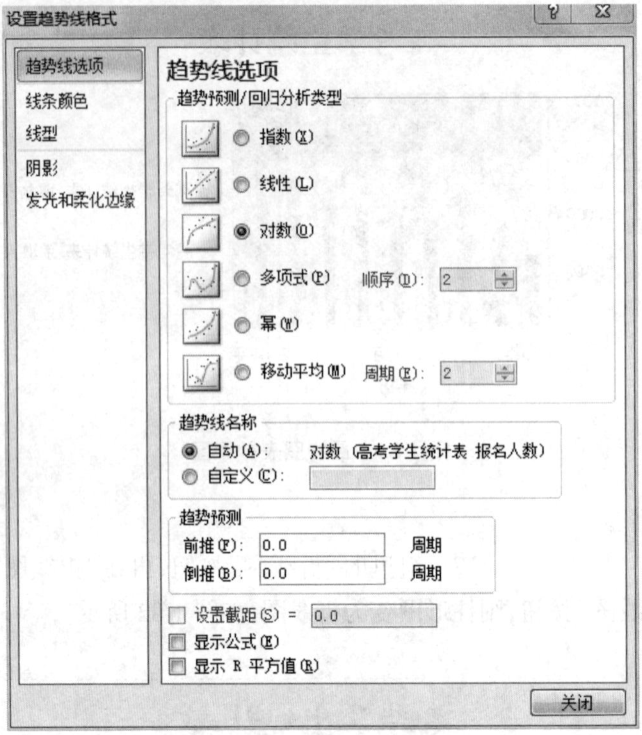

图 1-83 设置趋势线类型

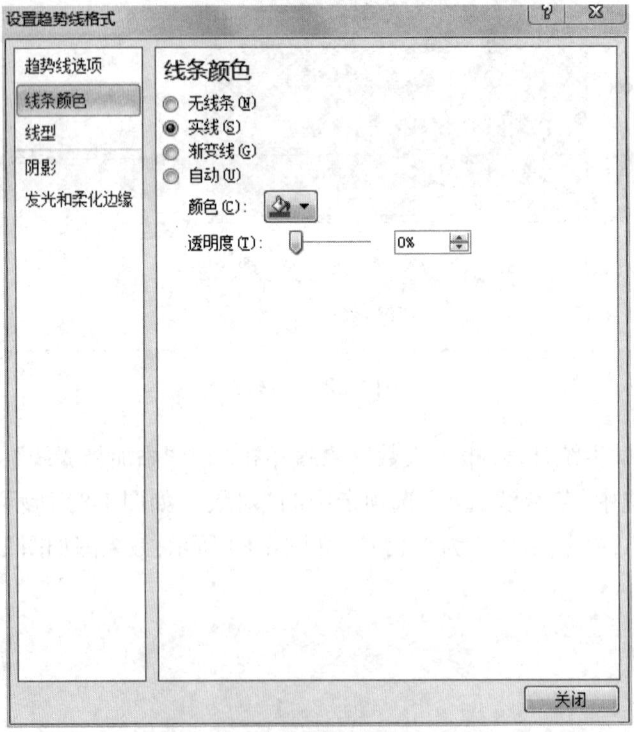

图 1-84 设置趋势线线条颜色

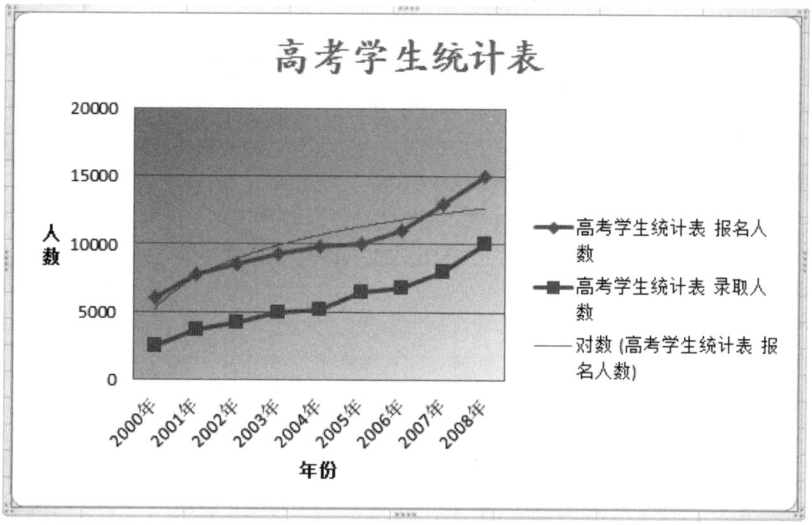

图 1-85 更改图表类型后效果图

3. 任务实施

【实施内容】

根据需要,对腾飞公司 2017 年度上半年代理商 5 的销售情况进行分析,生成带数据标记的折线图并添加相应的趋势线。

①设置图表标题在图表上方,标题为"代理商 5——2017 年上半年销售数据","字体"为"隶书","字形"为"加粗","字号"为"16",横坐标轴在下方标题为"月份",纵坐标轴为竖版标题,标题为"销售量"。

②设置垂直轴最小值为 5,绘图区"边框颜色"为"红色","填充"为"渐变填充","预设颜色"为"雨后初晴"。

③添加趋势线,选择"趋势预测 / 回归分析类型"中的"对数",颜色为"黄色"。

【具体操作】

①单击"插入"选项卡中"图表"组里的"折线图"按钮,再在下拉菜单中单击"带数据标记的折线图"按钮。

②单击"布局"选项卡中"标签"组里的"图表标题"按钮,在下拉菜单中选择"图表上方",改图表标题为"代理商 5——2017 年上半年销售数据",单击图表标题,右键单击弹出字体设置相关选项,可设置"字体"为"隶书","字形"为"加粗","字号"为"16",单击"坐标轴标题"按钮,在下拉菜单中选择"主要横坐标轴标题"为"坐标轴下方标题",标题为"月份",选择"主要纵坐标轴标题"为"竖版标题",标题为"销售量",拖曳图表至空白处,如图 1-86 所示。

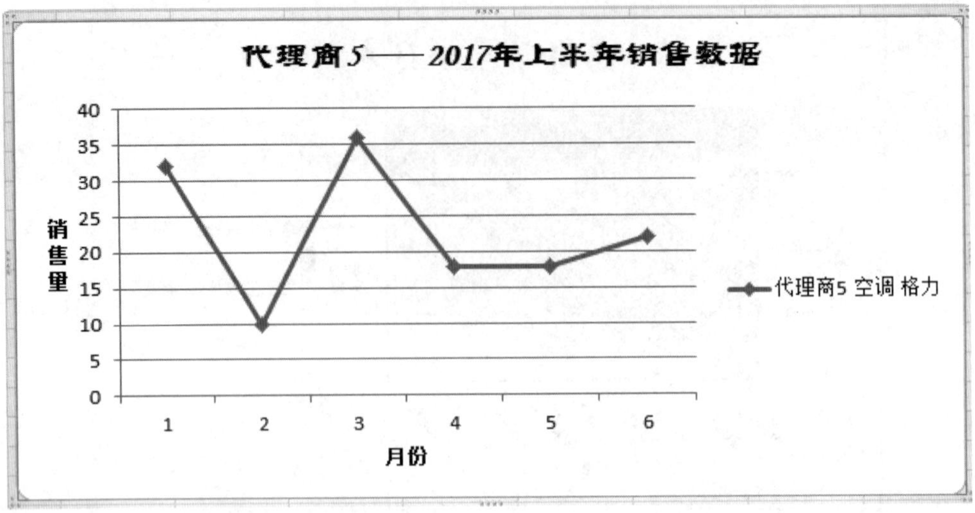

图 1-86 “代理商 5——2017 年上半年销售数据”折线图

③单击竖轴，在右键单击后弹出的对话框中单击“设置坐标轴格式”按钮，在弹出的“设置坐标轴格式”对话框中，选择“坐标轴选项”选项卡，在“最小值”里选中“固定”，数值输入为“5”，如图 1-87 所示。

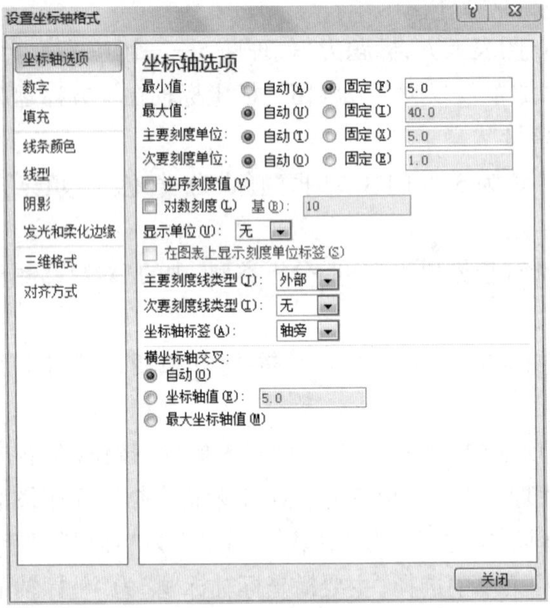

图 1-87 “设置坐标轴格式”对话框

④双击“绘图区”，在弹出的“设置绘图区格式”对话框中，单击“填充”选项卡，选择“渐变填充”，“预设颜色”为“雨后初晴”，单击“边框颜色”选项卡，选择“边框颜色”为“实线”，“颜色”为“红色”，如图 1-88 所示。

图 1-88　“设置绘图区格式”对话框

⑤单击“代理商 5 空调 格力”折线，右键单击选中“添加趋势线”，在弹出的“设置趋势线格式”对话框中，选中“趋势线选项”选项卡中“趋势预测 / 回归分析类型”组里的“对数”，在“线条颜色”选项卡中选中“实线”，“线条颜色”为“黄色”，如图 1-89 所示。最终效果如图 1-90 所示。

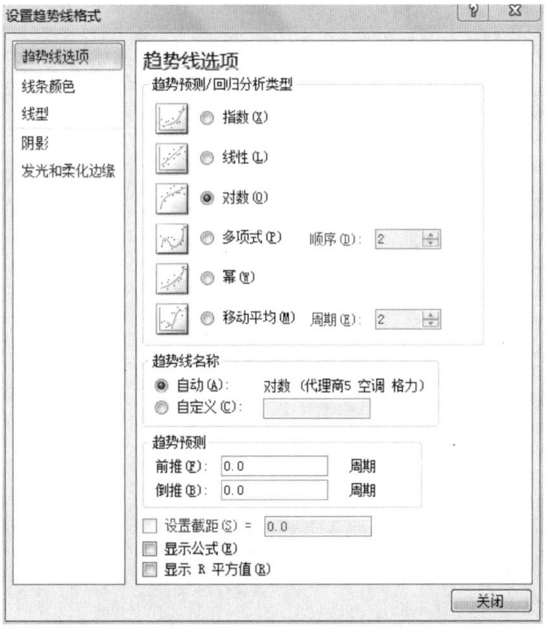

图 1-89　“设置趋势线格式”对话框

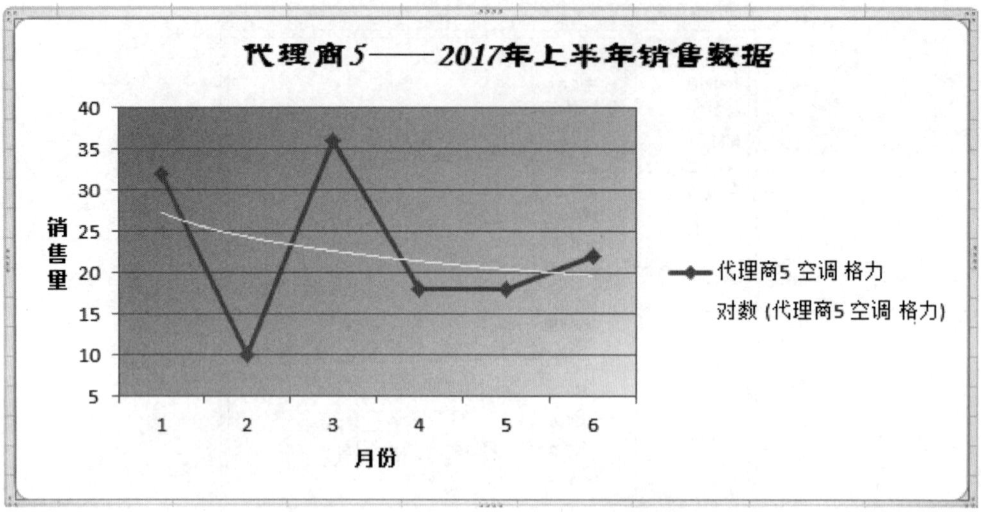

图 1-90 “代理商 5——2017 年上半年销售数据”最终效果图

项目二　数据的分析处理

Excel 不仅可以将整齐而美观的表格呈现给用户，同时还提供了强大的数据处理功能，利用它们可以实现数据的排序、分类汇总、筛选及数据透视表等相关操作。

1. 知识点、技能点

①数据简单排序。

②数据复杂排序。

③数据自定义排序。

④数据自动筛选。

⑤数据高级筛选。

⑥数据的分类汇总。

⑦数据透视图。

⑧数据透视表。

2. 教学目标

学习并掌握数据的排序、筛选及分类汇总功能，能够创建编辑数据表，设置数据透视表的相关格式，了解数据透视图和数据透视表之间的关系。

任务一　对员工工资表进行数据排序

一、任务概述

按要求对武汉大学部分教师五月份工资情况进行排序。

二、知识点介绍

数据排序是将工作表中的数据按照某种顺序重新排列。在 Excel 中可以按照文字或者数字从小到大或者从大到小进行排序。数据排序分为简单排序和复杂排序两种排序方法。

1. 简单排序

按单一字段进行升序或降序排列。

例如，建立用于进行数据排序的“会电专业考试课成绩统计表”，如图 2-1 所示。

该“会电专业考试课成绩统计表”被称为“数据清单”，“数据清单”中的一行数据叫作一条记录，“数据清单”中的一列数据叫作一个字段，“数据清单”中的每一列都有一个名字，叫“字段名”。

	A	B	C	D	E	F	G
1	会电专业考试课成绩统计表						
2	班级	姓名	概论	基础会计	统计	大学英语	总分
3	会电G17-1	马世芳	92	85	82	76	335
4	会电G17-2	李丽	85	86	95	73	339
5	会电G17-2	丁方	92	84	81	72	329
6	会电G17-3	宋虎	85	86	98	85	354
7	会电G17-5	唐芳	90	90	90	95	365
8	会电G17-4	何锐	85	85	86	96	352
9	会电G17-4	李华	74	86	71	93	324
10	会电G17-6	王虎	78	89	78	85	330
11	会电G17-1	刘丽	75	92	77	75	319
12	会电G17-1	刘洪	78	95	79	71	323
13	会电G17-2	陈瑞	98	97	75	72	342
14	会电G17-2	余华华	83	78	76	76	313
15	会电G17-3	王华	85	75	78	84	322
16	会电G17-4	王子凌	88	71	83	82	324
17	会电G17-5	付英华	77	70	85	95	327
18	会电G17-3	于瑞芳	87	85	98	89	359
19	会电G17-6	邓超	89	86	86	87	348
20	会电G17-8	孙宇	85	84	85	85	339
21							

图 2-1　会电专业考试课成绩统计表

1）按照总分由高到低的顺序将数据清单进行重新排列

①选中数据清单中“总分”列中的任意一个单元格。

②单击“数据”选项卡中“排序和筛选”组里的“降序”按钮，或者单击“开始”选项卡中“编辑”组里的“排序和筛选”按钮，在其下拉菜单中单击“降序”按钮 降序(O) ，降序排列结果如图 2-2 所示。

	A	B	C	D	E	F	G
1	会电专业考试课成绩统计表						
2	班级	姓名	概论	基础会计	统计	大学英语	总分
3	会电G17-5	唐芳	90	90	90	95	365
4	会电G17-3	于瑞芳	87	85	98	89	359
5	会电G17-3	宋虎	85	86	98	85	354
6	会电G17-4	何锐	85	85	86	96	352
7	会电G17-6	邓超	89	86	86	87	348
8	会电G17-2	陈瑞	98	97	75	72	342
9	会电G17-2	李丽	85	86	95	73	339
10	会电G17-8	孙宇	85	84	85	85	339
11	会电G17-1	马世芳	92	85	82	76	335
12	会电G17-6	王虎	78	89	78	85	330
13	会电G17-2	丁方	92	84	81	72	329
14	会电G17-5	付英华	77	70	85	95	327
15	会电G17-4	李华	74	86	71	93	324
16	会电G17-4	王子凌	88	71	83	82	324
17	会电G17-1	刘洪	78	95	79	71	323
18	会电G17-3	王华	85	75	78	84	322
19	会电G17-1	刘丽	75	92	77	75	319
20	会电G17-2	余华华	83	78	76	76	313
21							

图 2-2　降序排列结果

2）将同一个班级的同学的记录排列在一起

①选中数据清单中的任意一个单元格。

②单击“数据”选项卡中“排序和筛选”组里的“排序”按钮 排序，或者单击“开始”选项卡中“编辑”组里的“排序和筛选”按钮，再在其下拉菜单中单击“自定义排序”按钮，在弹出的“排序”对话框中，选择“主要关键字”下拉列表中的“班级”，“排序依据”为“数值”，“次序”为“升序”，如图 2-3 所示。

图 2-3　简单排序中的“排序”对话框

③单击“确定”按钮，结果如图 2-4 所示。

会电专业考试课成绩统计表

班级	姓名	概论	基础会计	统计	大学英语	总分
会电G17-1	马世芳	92	85	82	76	335
会电G17-1	刘洪	78	95	79	71	323
会电G17-1	刘丽	75	92	77	75	319
会电G17-2	陈瑞	98	97	75	72	342
会电G17-2	李丽	85	86	95	73	339
会电G17-2	丁方	92	84	81	72	329
会电G17-2	余华华	83	78	76	76	313
会电G17-3	于瑞芳	87	85	98	89	359
会电G17-3	宋虎	85	86	98	85	354
会电G17-3	王华	85	75	78	84	322
会电G17-4	何锐	85	85	86	96	352
会电G17-4	王子凌	88	71	83	82	324
会电G17-4	李华	74	86	71	93	324
会电G17-5	唐芳	90	90	90	95	365
会电G17-5	付英华	77	70	85	95	327
会电G17-6	邓超	89	86	86	87	348
会电G17-6	王虎	78	89	78	85	330
会电G17-8	孙宇	85	84	85	85	339

图 2-4　升序排列结果

2. 复杂排序

按两个或者三个关键字进行排序。如果根据两个以上的关键字进行排序，则 Excel 将先按第一个关键字对数据清单中的记录进行排序，在此基础上，再对第一个关键字值相同的记录按第二个关键字进行排序，以此类推。

例如，将所有同学的成绩按照总分由高到低的顺序排列，当总分相同时，以概论成绩作为排序的依据，概论成绩高者排名靠前。

①选中数据清单中的任意一个单元格。

②单击“数据”选项卡中“排序和筛选”组里的“排序”按钮，或者单击“开始”选项卡中“编辑”组里的“排序和筛选”按钮，在其下拉菜单中单击“自定义排序”按钮，在弹出的“排序”对话框中，选择“主要关键字”下拉列表中的“总分”，“排序依据”为“数值”，“次序”为“降序”，单击“添加条件”按钮，选择“次要关键字”下拉列表中的“概论”，“排序依据”为“数值”，“次序”为“降序”，如图 2-5 所示。

图 2-5 “排序”对话框

③单击“确定”按钮，结果如图 2-6 所示。

D3 fx 90

	A	B	C	D	E	F	G
1	会电专业考试课成绩统计表						
2	班级	姓名	概论	基础会计	统计	大学英语	总分
3	会电G17-5	唐芳	90	90	90	95	365
4	会电G17-3	于瑞芳	87	85	98	89	359
5	会电G17-3	宋虎	85	86	98	85	354
6	会电G17-4	何锐	85	85	86	96	352
7	会电G17-6	邓超	89	86	86	87	348
8	会电G17-2	陈瑞	98	97	75	72	342
9	会电G17-2	李丽	85	86	95	73	339
10	会电G17-8	孙宇	85	84	85	85	339
11	会电G17-1	马世芳	92	85	82	76	335
12	会电G17-6	王虎	78	89	78	85	330
13	会电G17-2	丁方	92	84	81	72	329
14	会电G17-5	付英华	77	70	85	95	327
15	会电G17-4	王子凌	88	71	83	82	324
16	会电G17-4	李华	74	86	71	93	324
17	会电G17-1	刘洪	78	95	79	71	323
18	会电G17-3	王华	85	75	78	84	322
19	会电G17-1	刘丽	75	92	77	75	319
20	会电G17-2	余华华	83	78	76	76	313
21							

图 2-6 复杂排序结果

3. 自定义排序

通常情况下对文字内容进行排序，一般采用字母排序或者笔画排序两种方式，除此以外也可以采用自定义的排序方式。

例如，如图 2-7 所示，对下列数据清单进行自定义排序。

	A	B	C
1	姓名	职务	总分
2	王华	学生	485
3	张明	学生	475
4	孙敏	学习委员	423
5	李丽	副班长	398
6	刘云	团支书	505
7	贺峰	文体委员	425
8	韩红	班长	500
9	董云	学生	498
10	丁欧	学生	452
11			

图 2-7　数据清单

①单击"数据"选项卡中"排序和筛选"组里的"排序"按钮，或者单击"开始"选项卡中"编辑"组里的"排序和筛选"按钮，再在其下拉菜单中单击"自定义排序"按钮，在弹出的"排序"对话框中，选择"主要关键字"下拉列表中的"职务"，"排序依据"为"数值"，"次序"为"自定义序列"，如图 2-8 所示。

图 2-8　"排序"对话框

②弹出"自定义序列"对话框，在"输入序列"中输入自定义的序列：团支书、班长、副班长、学习委员、文体委员、学生，单击"添加"按钮，则在"自定义序列"最后一行就会出现刚输入的序列，如图 2-9 所示。

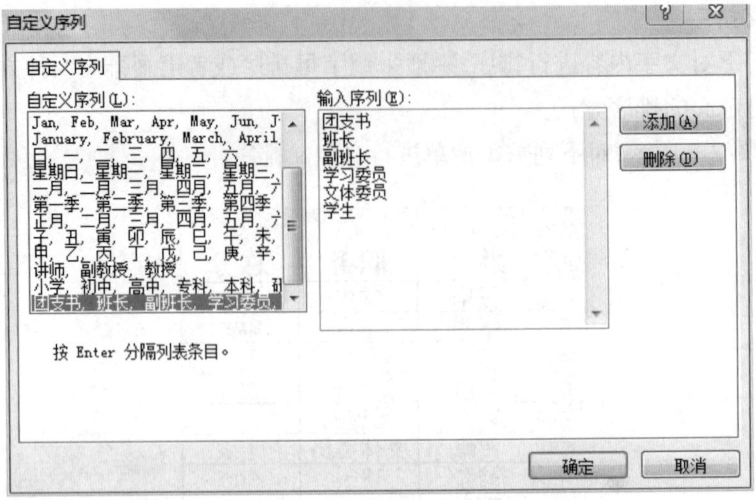

图 2-9 “自定义序列”对话框

③单击“确定”按钮，在“排序”对话框中“次序”里显示的则是刚输入的序列，如图 2-10 所示。

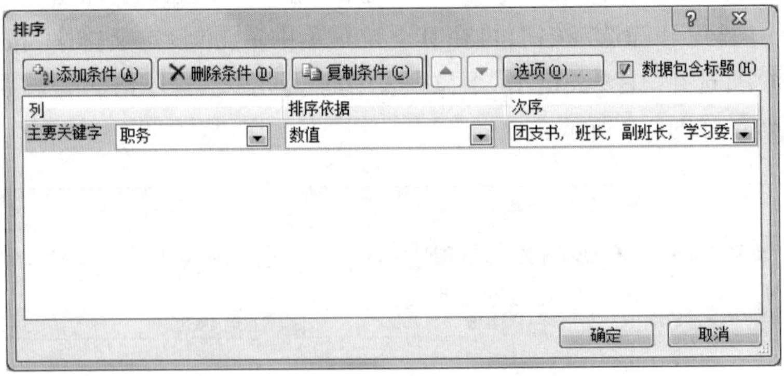

图 2-10 自定义序列后的“排序”对话框

④单击“确定”按钮，自定义排序后的最终结果如图 2-11 所示。

	A	B	C
1	姓名	职务	总分
2	刘云	团支书	505
3	韩红	班长	500
4	李丽	副班长	398
5	孙敏	学习委员	423
6	贺峰	文体委员	425
7	王华	学生	485
8	张明	学生	475
9	董云	学生	498
10	丁欧	学生	452

图 2-11 自定义排序结果

三、任务实施

【实施内容】

如图 2-12 所示，要求按部门对“武汉大学五月份部分教师工资情况表”进行排序，相同部门情况下，按岗位工资由高到低的顺序排列，若部门和岗位工资均相同，则以实发工资由高到低排列。

序号	姓名	部门	职称	岗位工资	薪级工资	岗位绩效	课时工资	工作津贴	加班费	合计	扣所得税	实发工资
1	李红花	经管学院	讲师	600	256	500	980	660	560	3556	177.8	3378.2
2	王小芳	生化学院	副教授	800	356	600	1280	860	850	4746	237.3	4508.7
3	孙楠	艺术学院	教授	1280	560	900	1580	980	860	6160	308	5852
4	董梦达	艺术学院	助教	500	200	200	880	500	250	2530	126.5	2403.5
5	刘娜	软件学院	助教	500	280	230	780	450	158	2398	119.9	2278.1
6	孟芳	软件学院	讲师	680	380	360	890	680	263	3253	162.65	3090.35
7	孙萌瑞	软件学院	讲师	680	420	380	920	690	368	3458	172.9	3285.1
8	崔芳	软件学院	副教授	900	423	700	1280	900	789	4992	249.6	4742.4
9	杨妮	机械学院	教授	1280	600	900	1580	1000	852	6212	310.6	5901.4
10	李华	机械学院	教授	1180	620	890	1680	1020	152	5542	277.1	5264.9
11	付海瑞	经管学院	副教授	980	532	750	1180	920	654	5016	250.8	4765.2
12	韩方	经管学院	教授	1280	644	900	1780	1180	487	6271	313.55	5957.45
13	李明辉	生化学院	讲师	680	264	450	890	780	850	3914	195.7	3718.3
14	李穗生	机械学院	副教授	1080	453	750	1180	1160	520	5143	257.15	4885.85
15	王珂	电子学院	教授	1280	605	890	1580	1580	352	6287	314.35	5972.65
16	孟奇	电子学院	教授	1180	623	920	1560	1680	654	6617	330.85	6286.15

图 2-12　武汉大学五月份部分教师工资情况表

【具体操作】

①选中数据清单中的任意一个单元格。

②单击“数据”选项卡中“排序和筛选”组里的“排序”按钮，或者单击“开始”选项卡中“编辑”组里的“排序和筛选”按钮，再在其下拉菜单中单击“自定义排序”按钮，在弹出的“排序”对话框中，选择“主要关键字”下拉列表中的“部门”，“排序依据”为“数值”，“次序”为“降序”；单击“添加条件”按钮，选择“次要关键字”下拉列表中的“岗位工资”，“排序依据”为“数值”，“次序”为“降序”；再次单击“添加条件”按钮，选择“次要关键字”下拉列表中的“实发工资”，“排序依据”为“数值”，“次序”为“降序”，如图 2-13 所示。

图 2-13　“排序”对话框

③单击“确定”按钮,最终结果如图 2-14 所示。

D11　教授

	A	B	C	D	E	F	G	H	I	J	K	L	M
1	武汉大学五月份部分教师工资情况表												
2	序号	姓名	部门	职称	岗位工资	薪级工资	岗位绩效	课时工资	工作津贴	加班费	合计	扣所得税	实发工资
3	3	孙楠	艺术学院	教授	1280	560	900	1580	980	860	6160	308	5852
4	4	董梦达	艺术学院	助教	500	200	200	880	500	250	2530	126.5	2403.5
5	2	王小芳	生化学院	副教授	800	356	600	1280	860	850	4746	237.3	4508.7
6	13	李明辉	生化学院	讲师	680	264	450	890	780	850	3914	195.7	3718.3
7	8	崔芳	软件学院	副教授	900	423	700	1280	900	789	4992	249.6	4742.4
8	7	孙萌瑞	软件学院	讲师	680	420	380	920	690	368	3458	172.9	3285.1
9	6	孟芳	软件学院	讲师	680	380	360	890	680	263	3253	162.65	3090.35
10	5	刘娜	软件学院	助教	500	280	230	780	450	158	2398	119.9	2278.1
11	12	韩方	经管学院	教授	1280	644	900	1780	1180	487	6271	313.55	5957.45
12	11	付海瑞	经管学院	副教授	980	532	750	1180	920	654	5016	250.8	4765.2
13	1	李红花	经管学院	讲师	600	256	500	980	660	560	3556	177.8	3378.2
14	9	杨妮	机械学院	教授	1280	600	900	1580	1000	852	6212	310.6	5901.4
15	10	李华	机械学院	教授	1180	620	890	1680	1020	152	5542	277.1	5264.9
16	14	李穗生	机械学院	副教授	1080	453	750	1180	1160	520	5143	257.15	4885.85
17	15	王珂	电子学院	教授	1280	605	890	1580	1580	352	6287	314.35	5972.65
18	16	孟奇	电子学院	教授	1180	623	920	1560	1680	654	6617	330.85	6286.15
19													

图 2-14　排序后最终结果

任务二　对员工工资表进行筛选

一、任务概述

按要求对“武汉大学五月份部分教师工资情况表”进行筛选。

二、知识点介绍

筛选数据清单可以使我们快速寻找和使用数据清单中的数据子集。筛选功能可以使 Excel 只显示出符合设定筛选条件的某一值或符合一组条件的行,而隐藏其他行。在 Excel 中提供了“自动筛选”和“高级筛选”命令来筛选数据。一般情况下,“自动筛选”就能够满足大部分的需要。不过,当需要利用复杂的条件来筛选数据清单时,就必须使用“高级筛选”。

例如,员工计算机产品销售情况统计表,如图 2-15 所示。

	A	B	C	D	E	F	G
1	姓名	地区	日期	产品名称	销售数量	销售金额	
2	李继光	北京	2017/4/15	显卡	8	2100	
3	孙宏达	北京	2017/4/15	硬盘	12	2500	
4	王华	天津	2017/6/15	显示器	15	10500	
5	王华	天津	2017/6/15	显卡	16	9800	
6	孙康	天津	2017/8/23	硬盘	9	980	
7	王华房	广州	2017/8/23	硬盘	12	1280	
8	杨瑞	广州	2017/8/23	显卡	20	5200	
9	付瑞	上海	2017/12/15	显卡	18	4800	
10	付瑞	上海	2017/12/15	显示器	14	9600	
11	李静	上海	2017/12/28	显示器	22	18500	
12							

图 2-15　员工计算机产品销售情况统计表

1. 自动筛选

1）使用自动筛选筛选数据

例如，根据图 2-15 所示的数据清单，自动筛选广州地区员工的销售情况，其具体操作步骤如下。

①选择要筛选的数据清单中的任意一个单元格。

②单击“开始”选项卡中“编辑”组里的“排序和筛选”按钮，再在其下拉菜单中单击“筛选”按钮。

③在数据清单中每一个列标记的旁边就会出现一个下拉箭头，如图 2-16 所示。

	A	B	C	D	E	F
1	姓名	地区	日期	产品名称	销售数量	销售金额
2	李继光	北京	2017/4/15	显卡	8	2100
3	孙宏达	北京	2017/4/15	硬盘	12	2500
4	王华	天津	2017/6/15	显示器	15	10500
5	王华	天津	2017/6/15	显卡	16	9800
6	孙康	天津	2017/8/23	硬盘	9	980
7	王华房	广州	2017/8/23	硬盘	12	1280
8	杨瑞	广州	2017/8/23	显卡	20	5200
9	付瑞	上海	2017/12/15	显卡	18	4800
10	付瑞	上海	2017/12/15	显示器	14	9600
11	李静	上海	2017/12/28	显示器	22	18500

图 2-16　进行自动筛选操作后的数据清单

④单击包含想显示的数据列中的箭头，就可以看到一个下拉列表，选中要筛选的地区，比如广州，如图 2-17 所示。

图 2-17　打开一个自动筛选下拉列表

⑤选中要显示的项，在工作表中就可以看到筛选后的结果，如图 2-18 所示。

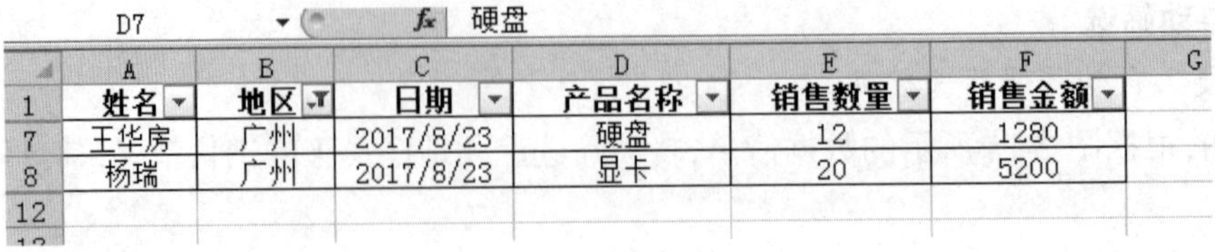

图 2-18 自动筛选后的结果

2）建立自定义自动筛选

除了上面说的自动筛选外，还可以通过“自定义”功能来实现条件筛选所需要的数据。

（1）符合一个条件的自定义自动筛选

例如，根据图 2-15 所示的数据清单，自动筛选出销售数量小于 20 的员工销售情况。

①选择要筛选的数据清单中的任意一个单元格。

②选择“数据”菜单中的“筛选”命令，然后单击“开始”选项卡中“编辑”组里的“排序和筛选”按钮，再在其下拉菜单中单击“筛选”按钮。

③在数据清单中每一个列标记的旁边就会出现一个下拉箭头，单击“销售数量”列标记旁的下拉箭头，再单击“数字筛选”下拉菜单中的“自定义筛选”按钮，如图 2-19 所示。

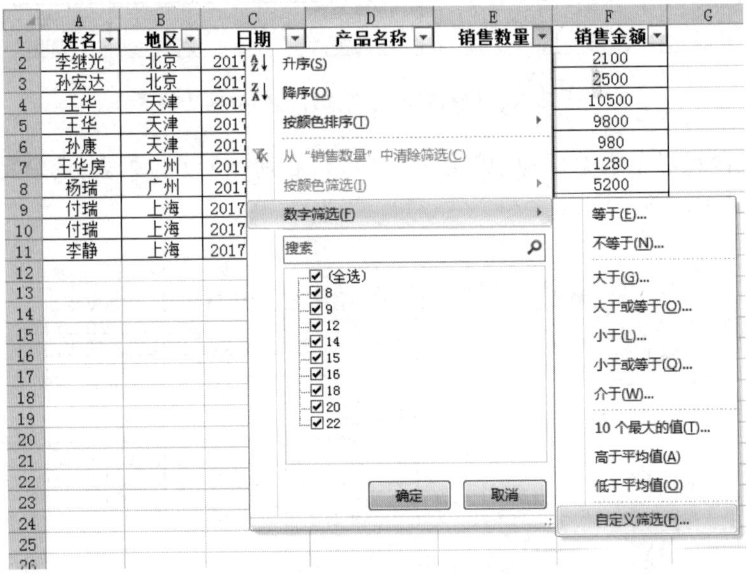

图 2-19 打开“销售数量”旁的下拉列表

④在弹出的“自定义自动筛选方式”对话框中，单击第一个框旁边的箭头，选中“小于”，在第二个框中输入“20”，如图 2-20 所示。

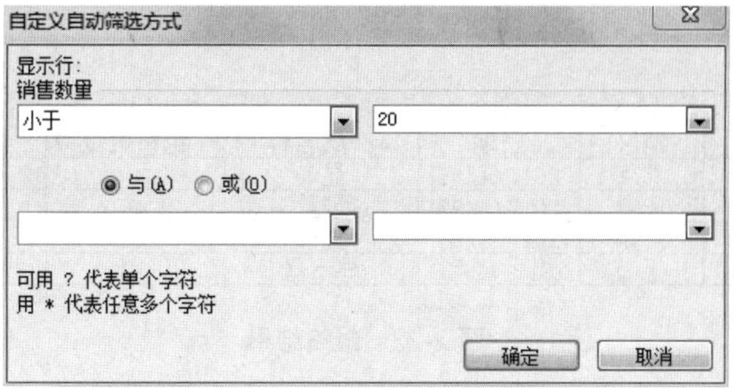

图 2-20 “自定义自动筛选方式”对话框

⑤单击“确定”按钮,就可以看到自定义的筛选结果,如图 2-21 所示。

	A	B	C	D	E	F
1	姓名	地区	日期	产品名称	销售数量	销售金额
2	李继光	北京	2017/4/15	显卡	8	2100
3	孙宏达	北京	2017/4/15	硬盘	12	2500
4	王华	天津	2017/6/15	显示器	15	10500
5	王华	天津	2017/6/15	显卡	16	9800
6	孙康	天津	2017/8/23	硬盘	9	980
7	王华房	广州	2017/8/23	硬盘	12	1280
9	付瑞	上海	2017/12/15	显卡	18	4800
10	付瑞	上海	2017/12/15	显示器	14	9600

图 2-21 使用自定义条件的筛选结果

(2)符合两个条件的自定义自动筛选

例如,根据图 2-15 的数据清单,自动筛选出销售数量小于 10 或者大于 18 的员工销售情况。

①选择要筛选的数据清单中任意一个单元格,单击“开始”选项卡中“编辑”组里的“排序和筛选”按钮,再在其下拉菜单中单击“筛选”按钮。

②在数据清单中每一个列标记的旁边就会出现一个下拉箭头,单击“销售数量”列标记旁的下拉箭头,再单击“数字筛选”下拉菜单中的“自定义筛选”按钮。

③在弹出的“自定义自动筛选方式”对话框中,单击第一个框旁边的箭头,选中“小于”,在第二个框中输入“10”,然后选中“或”选项,再在第二个行中输入指定的第二个条件,选中“大于”,输入“18”,如图 2-22 所示。

图 2-22 “自定义自动筛选方式”对话框

④单击“确定”按钮，就可以看到筛选结果，如图 2-23 所示。

	A	B	C	D	E	F
1	姓名	地区	日期	产品名称	销售数量	销售金额
2	李继光	北京	2017/4/15	显卡	8	2100
6	孙康	天津	2017/8/23	硬盘	9	980
8	杨瑞	广州	2017/8/23	显卡	20	5200
11	李静	上海	2017/12/28	显示器	22	18500
12						

图 2-23　最终结果

3）还原数据清单的筛选

对于不再需要的筛选数据，可以采用两种方法将它们还原。

单击“开始”选项卡中“编辑”组里的“排序和筛选”按钮，再在其下拉菜单中单击“清除”按钮，则可还原数据清单，如图 2-24 所示。

	A	B	C	D	E	F
1	姓名	地区	日期	产品名称	销售数量	销售金额
2	李继光	北京	2017/4/15	显卡	8	2100
3	孙宏达	北京	2017/4/15	硬盘	12	2500
4	王华	天津	2017/6/15	显示器	15	10500
5	王华	天津	2017/6/15	显卡	16	9800
6	孙康	天津	2017/8/23	硬盘	9	980
7	王华房	广州	2017/8/23	硬盘	12	1280
8	杨瑞	广州	2017/8/23	显卡	20	5200
9	付瑞	上海	2017/12/15	显卡	18	4800
10	付瑞	上海	2017/12/15	显示器	14	9600
11	李静	上海	2017/12/28	显示器	22	18500
12						

图 2-24　在下拉菜单中选择“清除”

如果想取消列标记旁边的下拉箭头，彻底恢复成原始的数据清单，则再次单击“开始”选项卡中“编辑”组里的“排序和筛选”按钮，再在其下拉菜单中单击“筛选”命令即可。

2. 高级筛选

使用自动筛选命令寻找合乎准则的记录，方便又快速，但该命令的寻找条件不能太复杂；如果要执行较复杂的寻找，就必须使用高级筛选命令。在使用高级筛选命令前，必须为其指定一个条件区域，以便显示出符合条件的行。可以定义几个条件（称为多重条件）来选中符合所有条件的行，或显示符合一组或另一组条件的行。

1）使用高级筛选来筛选数据

（1）显示符合条件的行

如果要对不同的列指定多重条件，则在条件区域的同一行中输入所有的条件。如果要对相同的列指定一个以上的条件，或某一值域，可以通过多次输入列标记来实现。例如，根据图 2-15 的数据清单，筛选出显卡销售数量大于等于 15 的员工销售情况，结果直接显示在其他数据区域中。

①在数据清单的下方建立条件区域，如图 2-25 所示。

	A	B	C	D	E	F	G	H	I
1	姓名	地区	日期	产品名称	销售数量	销售金额			
2	李继光	北京	2017/4/15	显卡	8	2100			
3	孙宏达	北京	2017/4/15	硬盘	12	2500			
4	王华	天津	2017/6/15	显示器	15	10500			
5	王华	天津	2017/6/15	显卡	16	9800			
6	孙康	天津	2017/8/23	硬盘	9	980			
7	王华房	广州	2017/8/23	硬盘	12	1280			
8	杨瑞	广州	2017/8/23	显卡	20	5200			
9	付瑞	上海	2017/12/15	显卡	18	4800			
10	付瑞	上海	2017/12/15	显示器	14	9600			
11	李静	上海	2017/12/28	显示器	22	18500			
12									
13									
14									
15								产品名称	销售数量
16								显卡	>=15
17									

图 2-25　创建筛选条件

②单击“数据”选项卡中“排序和筛选”组里的“高级”按钮 高级 。

③弹出“高级筛选”对话框，设置方式为“将筛选结果复制到其他位置”，“列表区域”为系统默认的数据区域“$A$1:$F$11”，“条件区域”输入为“筛选!$H$15:$I$16”，或者单击折叠对话框，用鼠标选择数据区域，在“复制到”文本框中输入或选择筛选结果的放置位置，可以随意选择区域，如图 2-26 所示。

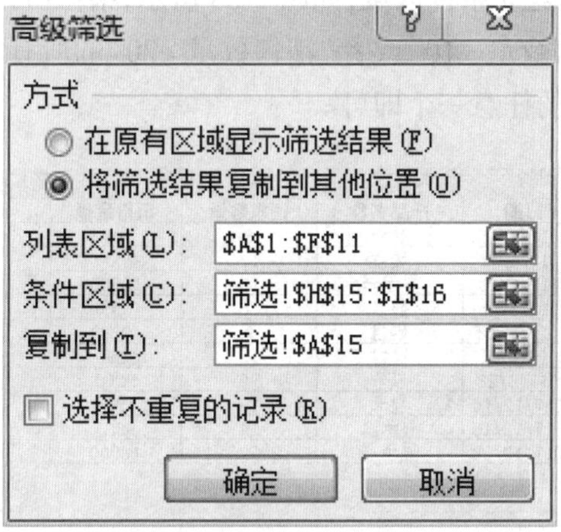

图 2-26　创建筛选条件

④单击“确定”按钮，就可以看到高级筛选后的最终结果，如图 2-27 所示。

E5 | 16

	A	B	C	D	E	F	G	H	I
1	姓名	地区	日期	产品名称	销售数量	销售金额			
2	李继光	北京	2017/4/15	显卡	8	2100			
3	孙宏达	北京	2017/4/15	硬盘	12	2500			
4	王华	天津	2017/6/15	显示器	15	10500			
5	王华	天津	2017/6/15	显卡	16	9800			
6	孙康	天津	2017/8/23	硬盘	9	980			
7	王华房	广州	2017/8/23	硬盘	12	1280			
8	杨瑞	广州	2017/8/23	显卡	20	5200			
9	付瑞	上海	2017/12/15	显卡	18	4800			
10	付瑞	上海	2017/12/15	显示器	14	9600			
11	李静	上海	2017/12/28	显示器	22	18500			
12									
13									
14									
15	姓名	地区	日期	产品名称	销售数量	销售金额		产品名称	销售数量
16	王华	天津	2017/6/15	显卡	16	9800		显卡	>=15
17	杨瑞	广州	2017/8/23	显卡	20	5200			
18	付瑞	上海	2017/12/15	显卡	18	4800			
19									

图 2-27 执行高级筛选后的最终结果

（2）显示符合一个或另一个条件的行

如果要对相同的列指定不同的条件，则把条件输入在不同的行上，例如，根据图 2-15 的数据清单，筛选出销售数量小于 10 或者销售数量大于 20 的员工销售情况，结果直接显示在其他数据区域中。

①在数据清单的下方建立条件区域，如图 2-28 所示，根据所设定的条件，它将显示每一个特定的行，即满足“销售数量 <10”或者“销售数量 >20”的所有记录。该操作是满足逻辑“或”，即符合指定条件中的任意一个即可。

	A	B	C	D	E	F	G	H	I
1	姓名	地区	日期	产品名称	销售数量	销售金额			
2	李继光	北京	2017/4/15	显卡	8	2100			
3	孙宏达	北京	2017/4/15	硬盘	12	2500			
4	王华	天津	2017/6/15	显示器	15	10500			
5	王华	天津	2017/6/15	显卡	16	9800			
6	孙康	天津	2017/8/23	硬盘	9	980			
7	王华房	广州	2017/8/23	硬盘	12	1280			
8	杨瑞	广州	2017/8/23	显卡	20	5200			
9	付瑞	上海	2017/12/15	显卡	18	4800			
10	付瑞	上海	2017/12/15	显示器	14	9600			
11	李静	上海	2017/12/28	显示器	22	18500			
12									
13								销售数量	销售数量
14								<10	
15									>20
16									

图 2-28 创建高级筛选条件

②单击“数据”选项卡中“排序和筛选”组里的“高级”按钮 高级 。

③在弹出的“高级筛选”对话框中设置方式为“将筛选结果复制到其他位置”，“列表区域”为系统默认的数据区域“$A$1：$F$11”，“条件区域”输入为“$H$13：$I$15”，或者单击折叠对话框，用鼠标选择数据区域，在“复制到”文本框中输入或选择筛选结果的放置位置，可以随意选择区域，如图 2-29 所示。

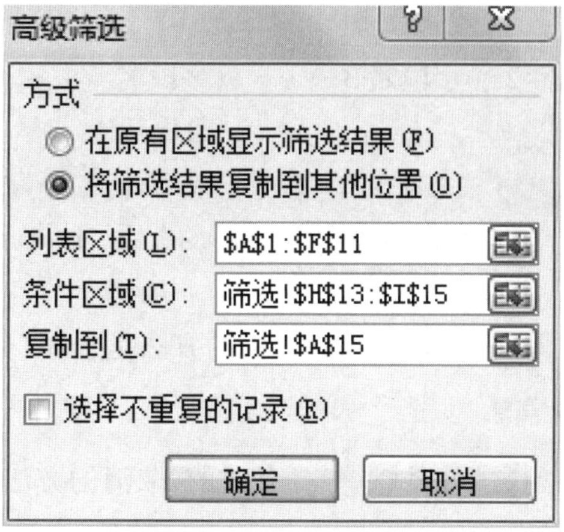

图 2-29 创建筛选条件

④单击“确定”按钮,就可以看到高级筛选后的最终结果,如图 2-30 所示。

D5 显卡

	A	B	C	D	E	F	G	H	I
1	姓名	地区	日期	产品名称	销售数量	销售金额			
2	李继光	北京	2017/4/15	显卡	8	2100			
3	孙宏达	北京	2017/4/15	硬盘	12	2500			
4	王华	天津	2017/6/15	显示器	15	10500			
5	王华	天津	2017/6/15	显卡	16	9800			
6	孙康	天津	2017/8/23	硬盘	9	980			
7	王华房	广州	2017/8/23	硬盘	12	1280			
8	杨瑞	广州	2017/8/23	显卡	20	5200			
9	付瑞	上海	2017/12/15	显卡	18	4800			
10	付瑞	上海	2017/12/15	显示器	14	9600			
11	李静	上海	2017/12/28	显示器	22	18500			
12									
13								销售数量	销售数量
14								<10	
15	姓名	地区	日期	产品名称	销售数量	销售金额			>20
16	李继光	北京	2017/4/15	显卡	8	2100			
17	孙康	天津	2017/8/23	硬盘	9	980			
18	李静	上海	2017/12/28	显示器	22	18500			
19									
20									

图 2-30 执行高级筛选后的最终结果

(3)设定准则的一些注意事项

① 前面在用数字作为准则时,用过 >20。在进行比较时,可以用的比较运算符号如下:

= 等于

> 大于

>= 大于或等于

< 小于

< = 小于或等于

< > 不等于

例如:要找大于或等于 60 000 的记录,用 > =60 000;不等于 70 000,用 < >70 000。

② 另外,要求设立一个条件区域,在其中输入各条件的字段名和条件值,具体结构如下:

条件区：

字段名 1　字段名 2　字段名 3……　　字段名

条件 1　　条件 2　　　　　　　　条件行

　　　　　　　　条件 3……　　条件行

需要注意的是，条件行在同一行的为逻辑“与”的关系，不同行为逻辑“或”的关系。

2）取消高级筛选

①如果查询结果放在原有数据区域内，取消的方法是选择“数据”选项卡中“排序和筛选”组里的“清除”按钮 清除 。

②如果查询结果与原始数据区域是分开存放的，取消的方法是选中“结果区域”，再按 Delete 键。

三、任务实施

【实施内容】

如图 2-31 所示，从“武汉大学五月份部分教师工资情况表”中筛选出职称是教授，工资高于 5 000 元的人员的名单，或者职称是讲师，工资低于 3 500 元的人员的名单，要求筛选结果显示在数据清单下方。

D11　fx　教授

	A	B	C	D	E	F	G	H	I	J	K	L	M
1	武汉大学五月份部分教师工资情况表												
2	序号	姓名	部门	职称	岗位工资	薪级工资	岗位绩效	课时工资	工作津贴	加班费	合计	扣所得税	实发工资
3	3	孙楠	艺术学院	教授	1280	560	900	1580	980	860	6160	308	5852
4	4	董梦达	艺术学院	助教	500	200	200	880	500	250	2530	126.5	2403.5
5	2	王小芳	生化学院	副教授	800	356	600	1280	860	850	4746	237.3	4508.7
6	13	李明辉	生化学院	讲师	680	264	450	890	780	850	3914	195.7	3718.3
7	8	崔芳	软件学院	副教授	900	423	700	1280	900	789	4992	249.6	4742.4
8	7	孙萌瑞	软件学院	讲师	680	420	380	920	690	368	3458	172.9	3285.1
9	6	孟芳	软件学院	讲师	680	380	360	890	680	263	3253	162.65	3090.35
10	5	刘娜	软件学院	助教	500	280	230	780	450	158	2398	119.9	2278.1
11	12	韩方	经管学院	教授	1280	644	900	1780	1180	487	6271	313.55	5957.45
12	11	付海瑞	经管学院	副教授	980	532	750	1180	920	654	5016	250.8	4765.2
13	1	李红花	经管学院	讲师	600	256	500	980	660	560	3556	177.8	3378.2
14	9	杨妮	机械学院	教授	1280	600	900	1580	1000	852	6212	310.6	5901.4
15	10	李华	机械学院	教授	1180	620	890	1680	1020	152	5542	277.1	5264.9
16	14	李穗生	机械学院	副教授	1080	453	750	1180	1160	520	5143	257.15	4885.85
17	15	王珂	电子学院	教授	1280	605	890	1580	1580	352	6287	314.35	5972.65
18	16	孟奇	电子学院	教授	1180	623	920	1560	1680	654	6617	330.85	6286.15
19													

图 2-31　原始数据清单

【具体操作】

①在数据清单的空白处建立条件区域，如图 2-32 所示。

职称	实发工资
教授	>5000
讲师	<3500

图 2-32　创建筛选条件

②选中数据清单中任意一个单元格，单击“数据”选项卡中“排序和筛选”组里的“高级”按钮 高级 。

③弹出“高级筛选”对话框，设置方式为“将筛选结果复制到其他位置”，“列表区域”为系统默认的数据区域“$A$2: $M$18”，“条件区域”单击折叠对话框，用鼠标选择条件区域，在“复制到”文本框中单击折叠对话框，用鼠标选择数据区域为筛选结果工作表中的“$A$20”位置，如图 2-33 所示。

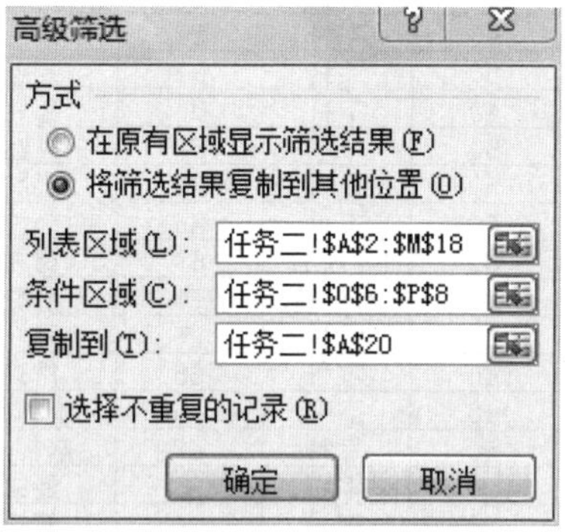

图 2-33　“高级筛选”对话框

④单击“确定”按钮，就可以看到高级筛选后的最终结果，如图 2-34 所示。

序号	姓名	部门	职称	岗位工资	薪级工资	岗位绩效	课时工资	工作津贴	加班费	合计	扣所得税	实发工资
3	孙楠	艺术学院	教授	1280	560	900	1580	980	860	6160	308	5852
7	孙萌瑞	软件学院	讲师	680	420	380	920	690	368	3458	172.9	3285.1
6	孟芳	软件学院	讲师	680	380	360	890	680	263	3253	162.65	3090.35
12	韩方	经管学院	教授	1280	644	900	1780	1180	487	6271	313.55	5957.45
1	李红花	经管学院	讲师	600	256	500	980	660	560	3556	177.8	3378.2
9	杨妮	机械学院	教授	1280	600	900	1580	1000	852	6212	310.6	5901.4
10	李华	机械学院	教授	1180	620	890	1680	1020	152	5542	277.1	5264.9
15	王珂	电子学院	教授	1280	605	890	1580	1580	352	6287	314.35	5972.65
16	孟奇	电子学院	教授	1180	623	920	1560	1680	654	6617	330.85	6286.15

图 2-34　执行高级筛选后的最终结果

任务三　对员工工资表进行分类汇总

一、任务概述

根据需要，对“武汉大学五月份部分教师工资情况表”进行分类汇总。

二、知识点介绍

1. 使用分类汇总命令

分类汇总是将工作表中的数据按照类别进行合计、统计、取平均数等汇总处理。“分类汇总”即先根据关键字对工作表进行分类，然后根据主关键字进行汇总，值得注意的是它只能根据一个关键字进行汇总。简单地说，也就是先分类（排序）后汇总。

例如,如图 2-35 所示“消费者随机问卷调查统计”表,请统计男女消费者每月饮食支出的平均值。

消费者随机问卷调查统计

序号	性别	年龄段	学历	单次消费	最喜爱快餐	每月餐饮支出
1	男	20	高中	58	肯德基	800
2	女	20	专科	40	肯德基	750
3	女	30	本科	38	麦当劳	700
4	女	40	专科	50	麦当劳	650
5	男	40	本科	58	大圆碗	580
6	女	50	专科	62	大圆碗	980
7	男	40	本科	59	德克士	800
8	男	50	小学	58	大圆碗	900
9	男	50	专科	36	必胜客	750
10	女	50	本科	35	必胜客	650
11	男	30	研究生	67	德克士	500
12	女	30	研究生	70	必胜客	780
13	女	30	专科	25	麦当劳	800
14	女	40	本科	65	肯德基	850
15	男	40	高中	45	永和豆浆	840
16	女	40	专科	43	永和豆浆	860
17	男	20	本科	35	麦当劳	780
18	男	20	本科	26	麦当劳	680
19	男	30	专科	65	德克士	900
20	女	30	研究生	70	德克士	920

图 2-35 消费者随机问卷调查统计

①选中数据清单中“性别”这列中的任意一个单元格。

②单击“数据”选项卡中“排序和筛选”组里的“升序”按钮,如图 2-36 所示。

消费者随机问卷调查统计

序号	性别	年龄段	学历	单次消费	最喜爱快餐	每月餐饮支出
1	男	20	高中	58	肯德基	800
5	男	40	本科	58	大圆碗	580
7	男	40	本科	59	德克士	800
8	男	50	小学	58	大圆碗	900
9	男	50	专科	36	必胜客	750
11	男	30	研究生	67	德克士	500
15	男	40	高中	45	永和豆浆	840
17	男	20	本科	35	麦当劳	780
18	男	20	本科	26	麦当劳	680
19	男	30	专科	65	德克士	900
2	女	20	专科	40	肯德基	750
3	女	30	本科	38	麦当劳	700
4	女	40	专科	50	麦当劳	650
6	女	50	专科	62	大圆碗	980
10	女	50	本科	35	必胜客	650
12	女	30	研究生	70	必胜客	780
13	女	30	专科	25	麦当劳	800
14	女	40	本科	65	肯德基	850
16	女	40	专科	43	永和豆浆	860
20	女	30	研究生	70	德克士	920

图 2-36 排序后结果

③选择数据清单中任意一个单元格，单击“数据”选项卡中“分类显示”组里的“分类汇总”按钮，在弹出的“分类汇总”对话框中，设置“分类字段”为“性别”，“汇总方式”为“平均值”，“选定汇总项”选中“每月餐饮支出”复选框，如图 2-37 所示。

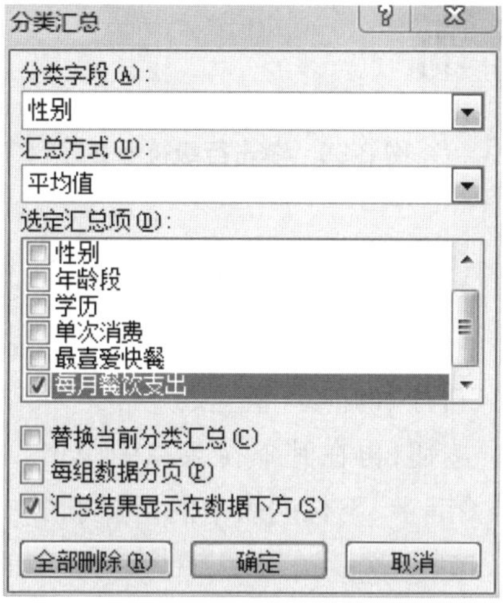

图 2-37　“分类汇总”对话框

④单击“确定”按钮，显示最终结果如图 2-38 所示。

消费者随机问卷调查统计

序号	性别	年龄段	学历	单次消费	最喜爱快餐	每月餐饮支出
1	男	20	高中	58	肯德基	800
5	男	40	本科	58	大圆碗	580
7	男	40	本科	59	德克士	800
8	男	50	小学	58	大圆碗	900
9	男	50	专科	36	必胜客	750
11	男	30	研究生	67	德克士	500
15	男	40	高中	45	永和豆浆	840
17	男	20	本科	35	麦当劳	780
18	男	20	本科	26	麦当劳	680
19	男	30	专科	65	德克士	900
	男 平均值					753
2	女	20	专科	40	肯德基	750
3	女	30	本科	38	麦当劳	700
4	女	40	专科	50	麦当劳	650
6	女	50	专科	62	大圆碗	980
10	女	50	本科	35	必胜客	650
12	女	30	研究生	70	必胜客	780
13	女	30	专科	25	麦当劳	800
14	女	40	本科	65	肯德基	850
16	女	40	专科	43	永和豆浆	860
20	女	30	研究生	70	德克士	920
	女 平均值					794
	总计平均值					773.5

图 2-38　分类汇总的最终结果

进行分类汇总后的数据清单左边会有一个行级符号和分级显示符号，单击行级符号 1 仅显示平均值和列标记，单击行级符号 2 则显示分类汇总与总计，如图 2-39 所示，单击行级符号 3 显示所有明细。

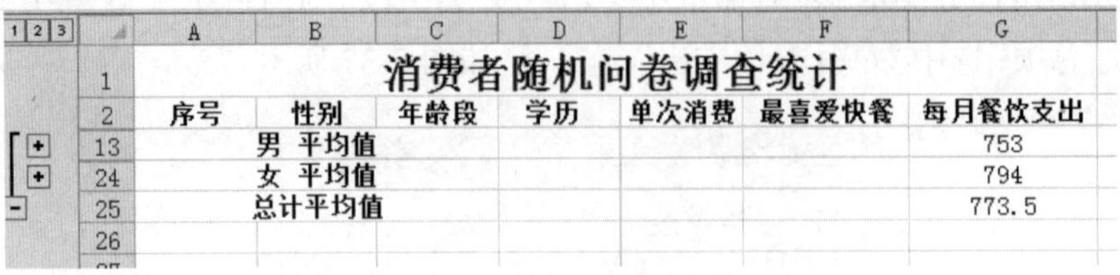

图 2-39　单击行级符号 2

2. 分类汇总的嵌套

例如，根据图 2-35 所示，分类汇总男女消费者每月饮食支出的平均值和不同学历间单次消费的最大值。

①单击“数据”选项卡中“排序和筛选”组里的“排序”按钮，或者单击“开始”选项卡中“编辑”组里的“排序和筛选”按钮，再在其下拉菜单中单击“自定义排序”按钮，在弹出的“排序”对话框中，选择“主要关键字”下拉列表中的“性别”，“排序依据”为“数值”，“次序”为“升序”，单击“添加条件”，选择“次要关键字”下拉列表中的“学历”，“排序依据”为“数值”，“次序”为“自定义序列”，如图 2-40 所示。

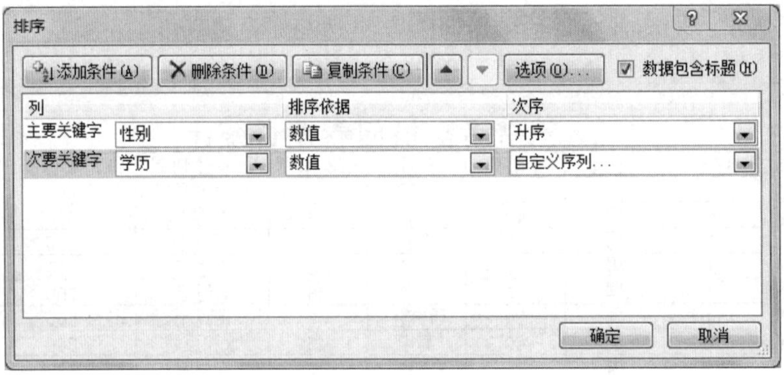

图 2-40　“排序”对话框

②弹出“自定义序列”对话框，在“输入序列”中输入自定义的序列：小学、初中、高中、专科、本科、研究生，单击“添加”按钮，则在“自定义序列”最后一行就会出现刚输入的序列，如图 2-41 所示。

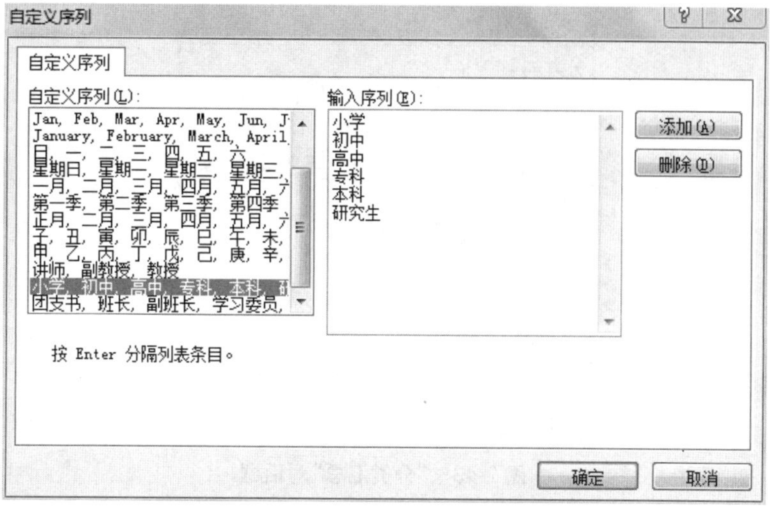

图 2-41　“自定义序列”对话框

③单击“确定”按钮，返回“排序”对话框，再单击“确定”按钮，排序后显示结果如图 2-42 所示。

	A	B	C	D	E	F	G
1	消费者随机问卷调查统计						
2	序号	性别	年龄段	学历	单次消费	最喜爱快餐	每月餐饮支出
3	8	男	50	小学	58	大圆碗	900
4	1	男	20	高中	58	肯德基	800
5	15	男	40	高中	45	永和豆浆	840
6	9	男	50	专科	36	必胜客	750
7	19	男	30	专科	65	德克士	900
8	5	男	40	本科	58	大圆碗	580
9	7	男	40	本科	59	德克士	800
10	17	男	20	本科	35	麦当劳	780
11	18	男	20	本科	26	麦当劳	680
12	11	男	30	研究生	67	德克士	500
13	2	女	20	专科	40	肯德基	750
14	4	女	40	专科	50	麦当劳	650
15	6	女	50	专科	62	大圆碗	980
16	13	女	30	专科	25	麦当劳	800
17	16	女	40	专科	43	永和豆浆	860
18	3	女	30	本科	38	麦当劳	700
19	10	女	50	本科	35	必胜客	650
20	14	女	40	本科	65	肯德基	850
21	12	女	30	研究生	70	必胜客	780
22	20	女	30	研究生	70	德克士	920
23							

图 2-42　排序后的结果

④按照上一个知识点的具体操作步骤③、④，完成男女消费者每月饮食支出平均值的分类汇总计算。

⑤再次单击数据清单中的任意一个单元格，单击“数据”选项卡中“分类显示”组里的“分类汇总”按钮，在弹出的“分类汇总”对话框中，设置“分类字段”为“学历”，“汇总方式”为“最大值”，“选定汇总项”中选中“单次消费”复选框，其中“替换当前分类汇总”前的复选框取消勾选，如图 2-43 所示。

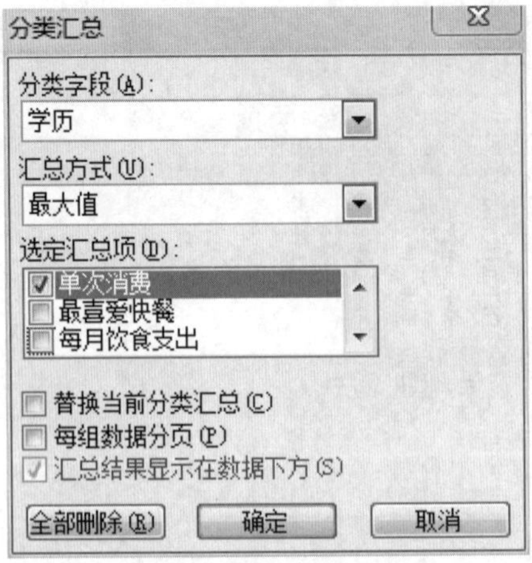

图 2-43 “分类汇总”对话框

⑥单击“确定”按钮，最终结果如图 2-44 所示。

	A	B	C	D	E	F	G
1				消费者随机问卷调查统计			
2	序号	性别	年龄段	学历	单次消费	最喜爱快餐	每月餐饮支出
3	8	男	50	小学	58	大圆碗	900
4				小学 最大值	58		
5	1	男	20	高中	58	肯德基	800
6	15	男	40	高中	45	永和豆浆	840
7				高中 最大值	58		
8	9	男	50	专科	36	必胜客	750
9	19	男	30	专科	65	德克士	900
10				专科 最大值	65		
11	5	男	40	本科	58	大圆碗	580
12	7	男	40	本科	59	德克士	800
13	17	男	20	本科	35	麦当劳	780
14	18	男	20	本科	26	麦当劳	680
15				本科 最大值	59		
16	11	男	30	研究生	67	德克士	500
17				研究生 最大值	67		
18		男 平均值					753
19	2	女	20	专科	40	肯德基	750
20	4	女	40	专科	50	麦当劳	650
21	6	女	50	专科	62	大圆碗	980
22	13	女	30	专科	25	麦当劳	800
23	16	女	40	专科	43	永和豆浆	860
24				专科 最大值	62		
25	3	女	30	本科	38	麦当劳	700
26	10	女	50	本科	35	必胜客	650
27	14	女	40	本科	65	肯德基	850
28				本科 最大值	65		
29	12	女	30	研究生	70	必胜客	780
30	20	女	30	研究生	70	德克士	920
31				研究生 最大值	70		
32		女 平均值					794
33				总计最大值	70		
34		总计平均值					773.5

图 2-44 最终结果

3. 取消分类汇总

当要将数据恢复普通状态时，只需要选择“数据”菜单中的“分类汇总”命令，在弹出的“分类汇总”对话框中选择“全部删除”选项，数据即可恢复到普通状态。

三、任务实施

【实施内容】

如图 2-45 所示，将武汉大学部分教师五月份工资情况按部门分类汇总统计合计和实发工资两项的总和值，再统计每个部门中相同职称教师的岗位绩效的最高值，要求只显示分类汇总后的结果。

武汉大学五月份部分教师工资情况表

序号	姓名	部门	职称	岗位工资	薪级工资	岗位绩效	课时工资	工作津贴	加班费	合计	扣所得税	实发工资
1	李红花	经管学院	讲师	600	256	500	980	660	560	3556	177.8	3378.2
2	王小芳	生化学院	副教授	800	356	600	1280	860	850	4746	237.3	4508.7
3	孙楠	艺术学院	教授	1280	560	900	1580	980	860	6160	308	5852
4	董梦达	艺术学院	助教	500	200	200	880	500	250	2530	126.5	2403.5
5	刘娜	软件学院	助教	500	280	230	780	450	158	2398	119.9	2278.1
6	孟芳	软件学院	讲师	680	380	360	890	680	263	3253	162.65	3090.35
7	孙萌瑞	软件学院	讲师	680	420	380	920	690	368	3458	172.9	3285.1
8	崔芳	软件学院	副教授	900	423	700	1280	900	789	4992	249.6	4742.4
9	杨妮	机械学院	教授	1280	600	900	1580	1000	852	6212	310.6	5901.4
10	李华	机械学院	教授	1180	620	890	1680	1020	152	5542	277.1	5264.9
11	付海瑞	经管学院	副教授	980	532	750	1180	920	654	5016	250.8	4765.2
12	韩方	经管学院	教授	1280	644	900	1780	1180	487	6271	313.55	5957.45
13	李明辉	生化学院	讲师	680	264	450	890	780	850	3914	195.7	3718.3
14	李穗生	机械学院	副教授	1080	453	750	1180	1160	520	5143	257.15	4885.85
15	王珂	电子学院	教授	1280	605	890	1580	1580	352	6287	314.35	5972.65
16	孟奇	电子学院	教授	1180	623	920	1560	1680	654	6617	330.85	6286.15

图 2-45　武汉大学五月份部分教师工资情况表

【具体操作】

①单击“数据”选项卡中“排序和筛选”组里的“排序”按钮，或者单击“开始”选项卡中“编辑”组里的“排序和筛选”按钮，再在其下拉菜单中单击“自定义排序”按钮，在弹出的“排序”对话框中，选择“主要关键字”下拉列表中的“部门”，“排序依据”为“数值”，“次序”为“升序”，单击“添加条件”，选择“次要关键字”下拉列表中的“职称”，“排序依据”为“数值”，“次序”为“自定义序列”。

②弹出“自定义序列”对话框，在“输入序列”中输入自定义序列：助教、讲师、副教授、教授，单击“添加”按钮，则在“自定义序列”最后一行就会出现刚输入的序列。

③单击“确定”按钮，返回“排序”对话框，再单击“确定”按钮。单击数据清单中的任意一个单元格，单击“数据”菜单中的“排序”命令，在弹出的“排序”对话框中，设置“主要关键字”为“部门”，“次要关键字”为“职称”，单击“确定”按钮，数据清单排序后结果如图 2-46 所示。

序号	姓名	部门	职称	岗位工资	薪级工资	岗位绩效	课时工资	工作津贴	加班费	合计	扣所得税	实发工资
武汉大学五月份部分教师工资情况表												
15	王珂	电子学院	教授	1280	605	890	1580	1580	352	6287	314.35	5972.65
16	孟奇	电子学院	教授	1180	623	920	1560	1680	654	6617	330.85	6286.15
14	李穗生	机械学院	副教授	1080	453	750	1180	1160	520	5143	257.15	4885.85
9	杨妮	机械学院	教授	1280	600	900	1580	1000	852	6212	310.6	5901.4
10	李华	机械学院	教授	1180	620	890	1680	1020	152	5542	277.1	5264.9
1	李红花	经管学院	讲师	600	256	500	980	660	560	3556	177.8	3378.2
11	付海瑞	经管学院	副教授	980	532	750	1180	920	654	5016	250.8	4765.2
12	韩方	经管学院	教授	1280	644	900	1780	1180	487	6271	313.55	5957.45
5	刘娜	软件学院	助教	500	280	230	780	450	158	2398	119.9	2278.1
6	孟芳	软件学院	讲师	680	380	360	890	680	263	3253	162.65	3090.35
7	孙萌瑞	软件学院	讲师	680	420	380	920	690	368	3458	172.9	3285.1
8	崔芳	软件学院	副教授	900	423	700	1280	900	789	4992	249.6	4742.4
13	李明辉	生化学院	讲师	680	264	450	890	780	850	3914	195.7	3718.3
2	王小芳	生化学院	副教授	800	356	600	1280	860	850	4746	237.3	4508.7
4	董梦达	艺术学院	助教	500	200	200	880	500	250	2530	126.5	2403.5
3	孙楠	艺术学院	教授	1280	560	900	1580	980	860	6160	308	5852

图 2-46 按部门排序后的结果

④单击数据清单中的任意一个单元格，选择“数据”菜单中的“分类汇总”命令，在弹出的“分类汇总”对话框中，设置“分类字段”为“部门”，“汇总方式”为“求和”，在“选定汇总项”列表框中选中“合计”和“实发工资”两个复选框，如图 2-47 所示。

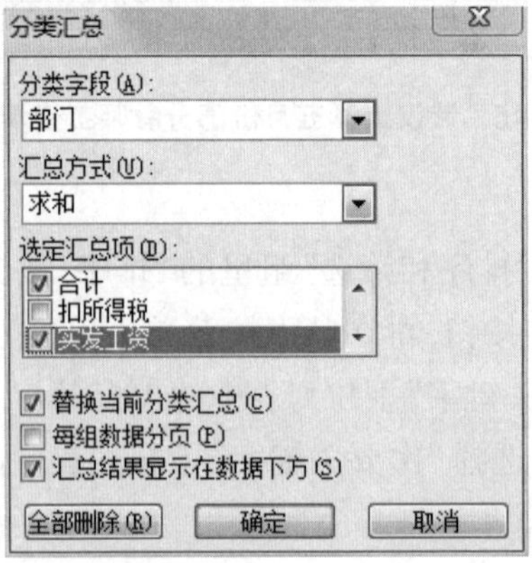

图 2-47 “分类汇总”对话框

⑤单击“确定”按钮，分类汇总后的结果如图 2-48 所示。

	A	B	C	D	E	F	G	H	I	J	K	L	M
1	武汉大学五月份部分教师工资情况表												
2	序号	姓名	部门	职称	岗位工资	薪级工资	岗位绩效	课时工资	工作津贴	加班费	合计	扣所得税	实发工资
3	15	王珂	电子学院	教授	1280	605	890	1580	1580	352	6287	314.35	5972.65
4	16	孟奇	电子学院	教授	1180	623	920	1560	1680	654	6617	330.85	6286.15
5			电子学院 汇总								12904		12258.8
6	14	李穗生	机械学院	副教授	1080	453	750	1180	1160	520	5143	257.15	4885.85
7	9	杨妮	机械学院	教授	1280	600	900	1580	1000	852	6212	310.6	5901.4
8	10	李华	机械学院	教授	1180	620	890	1680	1020	152	5542	277.1	5264.9
9			机械学院 汇总								16897		16052.15
10	1	李红花	经管学院	讲师	600	256	500	980	660	560	3556	177.8	3378.2
11	11	付海瑞	经管学院	副教授	980	532	750	1180	920	654	5016	250.8	4765.2
12	12	韩方	经管学院	教授	1280	644	900	1780	1180	487	6271	313.55	5957.45
13			经管学院 汇总								14843		14100.85
14	5	刘娜	软件学院	助教	500	280	230	780	450	158	2398	119.9	2278.1
15	6	孟芳	软件学院	讲师	680	380	360	890	680	263	3253	162.65	3090.35
16	7	孙萌瑞	软件学院	讲师	680	420	380	920	690	368	3458	172.9	3285.1
17	8	崔芳	软件学院	副教授	900	423	700	1280	900	789	4992	249.6	4742.4
18			软件学院 汇总								14101		13395.95
19	13	李明辉	生化学院	讲师	680	264	450	890	780	850	3914	195.7	3718.3
20	2	王小芳	生化学院	副教授	800	356	600	1280	860	850	4746	237.3	4508.7
21			生化学院 汇总								8660		8227
22	4	董梦达	艺术学院	助教	500	200	200	880	500	250	2530	126.5	2403.5
23	3	孙楠	艺术学院	教授	1280	560	900	1580	980	860	6160	308	5852
24			艺术学院 汇总								8690		8255.5
25			总计								76095		72290.25

图 2-48 第一次分类汇总后的结果

⑥选中其中任意一个单元格，单击“数据”选项卡中“分类显示”组里的“分类汇总”按钮，在弹出的“分类汇总”对话框中，设置“分类字段”为“职称”，“汇总方式”为“最大值”，在“选定汇总项”中选中“岗位绩效”复选框，取消“替换当前分类汇总”复选框中的对钩。

⑦单击“确定”按钮，关闭没有必要显示的行级符号和分级显示符号，最终二次分类汇总后的结果如图 2-48 所示。

	A	B	C	D	E	F	G	H	I	J	K	L	M
1	武汉大学五月份部分教师工资情况表												
2	序号	姓名	部门	职称	岗位工资	薪级工资	岗位绩效	课时工资	工作津贴	加班费	合计	扣所得税	实发工资
5				教授 最大值			920						
6			电子学院 汇总								12904		12258.8
8				副教授 最大值			750						
11				教授 最大值			900						
12			机械学院 汇总								16897		16052.15
14				讲师 最大值			500						
16				副教授 最大值			750						
18				教授 最大值			900						
19			经管学院 汇总								14843		14100.85
21				助教 最大值			230						
24				讲师 最大值			380						
26				副教授 最大值			700						
27			软件学院 汇总								14101		13395.95
29				讲师 最大值			450						
31				副教授 最大值			600						
32			生化学院 汇总								8660		8227
34				助教 最大值			200						
36				教授 最大值			900						
37			艺术学院 汇总								8690		8255.5
38				总计最大值			920						
39			总计								76095		72290.25

图 2-49 最终结果

任务四 数据透视表和数据透视图的制作

一、任务概述

根据需要对武汉大学教师的工资情况进行数据透视表和数据透视图的制作。

二、知识点介绍

“数据透视表”能够将筛选、排序和分类汇总等操作依次完成，并生成汇总表格，是Excel强大数据处理能力的具体体现。

例如，广州职业技术学院管理系会计教研室教师的工资情况一览表，如图2-50所示。

	A	B	C	D	E
1	姓名	性别	职称	政治面貌	工资
2	吴国庆	男	讲师	群众	580
3	刘丽	男	副教授	党员	860
4	冯莹	女	教授	党员	1280
5	马华	男	助教	党员	380
6	韩琪	女	助教	群众	360
7	丁瑞	女	副教授	群众	980
8	王图	男	讲师	党员	880
9	牛红	男	讲师	党员	780
10					

图2-50 工资情况一览表

1. 创建数据透视表

根据图2-50中的数据清单创建数据透视表，要求以性别为报表筛选，以职称为行字段，以政治面貌为列字段，显示的数据是工资。

①单击数据清单中的任意一个单元格，单击“插入”选项卡中“表格”组里的“数据透视表”按钮，在弹出的“创建数据透视表”对话框中，设置“请选择要分析的数据”为“选择一个表或区域”，“选择放置数据透视表的位置”为“新工作表”，以便将创建的数据透视表放到一个新的工作表中，如图2-51所示，如果想指定数据透视表的具体位置可以设置“选择放置数据透视表的位置”为“现有工作表”。

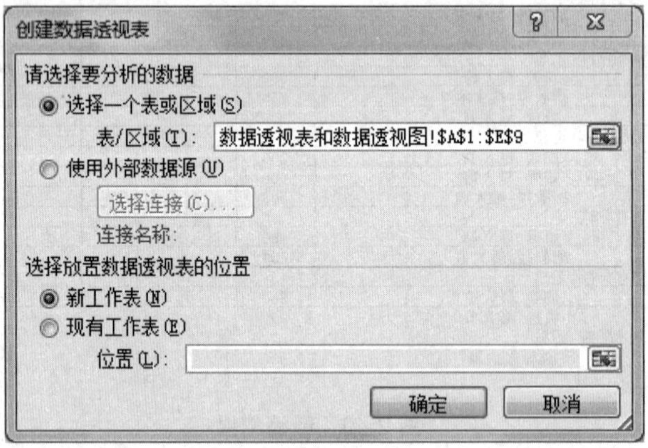

图2-51 “创建数据透视表”对话框

②单击“确定”按钮，就可以建立一个空白的数据透视表，以“sheet1”为工作表命名，并同时显示“数据透视表”工具栏和“数据透视表字段列表”对话框，如图2-52所示。

图 2-52 空白数据透视表

③根据要求，从“数据透视表字段列表”中把“性别”拖到“报表筛选”，把“职称”拖到“行标签”，把“政治面貌”拖到“列标签”，把“工资”拖到“数值”，这样一个完整的数据透视表就创建出来了，如图 2-53 所示。

图 2-53 数据透视表

在完整的数据透视表中一共显示出三个下三角按钮，它们分别是关于页、关于列、关于行的选择箭头，当前数据透视表中显示的数据，是我们在设计方案中所希望显示数据的全部内容。与之前介绍的分类汇总的情况一样，Excel 自动在数据透视表的右侧和下侧显示出几个总计值,分别是行总计值、列总计值和整个数据透视表的总值。

另外,大家也许发现在透视表当中所显示的工资的数据是 6 个,而原始的数据清单中应该有 8 个数据,这是因为数据透视表并没有要求显示每一个人的详细工资情况,而只要求显示按职称和政治面貌的工资分类情况,因此, Excel 自动地把属于同一类的工资数据进行了合并。

2. 有选择性地浏览数据透视表

1)只显示男职工的有关数据

性别属于页字段,因此只显示男职工,就要选择某一页。

①单击报表筛选的选择箭头,在下拉列表中选中“男”,如图 2-54 所示。

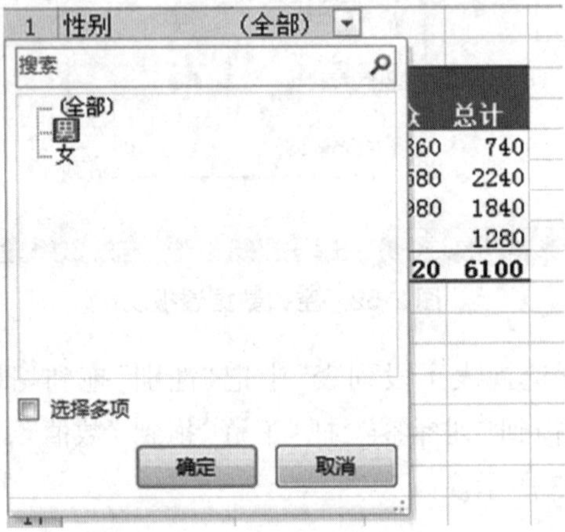

图 2-54 选择页字段内容

②单击“确定”按钮,数据透视表如图 2-55 所示。

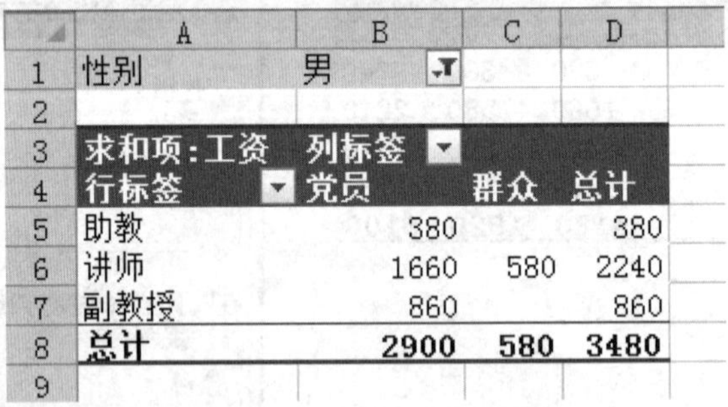

	A	B	C	D
1	性别	男		
2				
3	求和项:工资	列标签		
4	行标签	党员	群众	总计
5	助教	380		380
6	讲师	1660	580	2240
7	副教授	860		860
8	**总计**	**2900**	**580**	**3480**
9				

图 2-55 男职工的有关数据

2)不汇总党员的有关数据

党员属于政治面貌,我们把“政治面貌”作为列字段,因此不选择党员,也就是要取消某一个列字段。

①单击列字段的选择箭头,在下拉列表中清除“党员”这个选项,如图 2-56 所示。

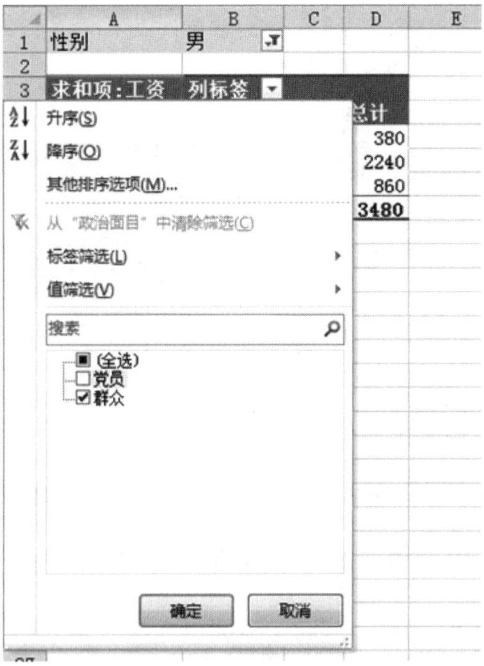

图 2-56　选择列字段

②单击“确定”按钮,数据透视表如图 2-57 所示。

图 2-57　不汇总党员的有关数据

3)恢复原状

①在报表筛选的下拉列表中,选中“全部”,如图 2-58 所示,单击“确定”按钮,结果如图 2-59 所示。

图 2-58　页字段选项选中“全部”

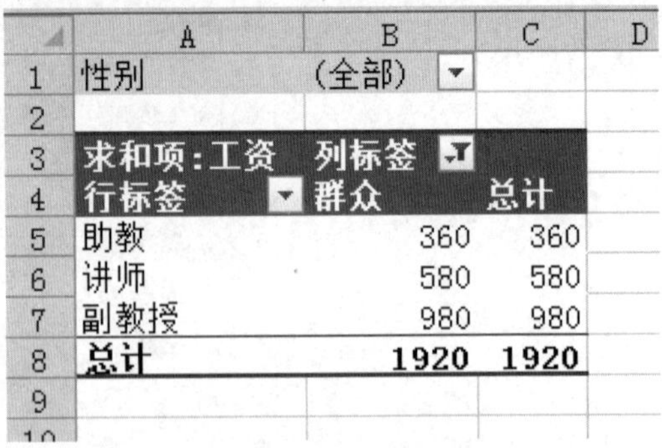

图 2-59　恢复效果

②在列字段下拉列表中,选中“党员”复选框,如图 2-60 所示。

图 2-60　选中列字段中“党员”复选框

③单击“确定”按钮,如图 2-61 所示,这样数据透视表就显示出全体职工关于工资的有关数据。

性别	(全部)		
求和项:工资	列标签		
行标签	党员	群众	总计
助教	380	360	740
讲师	1660	580	2240
副教授	860	980	1840
教授	1280		1280
总计	4180	1920	6100

图 2-61　全体职工有关信息

3. 编辑数据透视珍表

1）重命名数据透视表中字段或字段项

将行标签改为职称，将列标签改为“政治面貌”，将字段项党员改为“共产党员”。

①单击“行标签”字段项，直接输入要更改的名称“职称”，按 Enter 键即可。

②单击“列标签”字段项，直接输入要更改的名称“政治面貌”，按 Enter 键即可。

③单击“党员”字段项，直接输入“共产党员”，按 Enter 键即可。

2）更改数据透视表的布局

所谓更改数据透视表的版式，就是把数据透视表中的页字段、行字段和列字段进行一些调整。

在数据透视表当中，行字段、列字段和页字段都是可有可无，可多可少的，数据项当中的字段是必须要有的，可以有多字段，但至少要有一个字段。比如，把政治面貌改为页字段，性别改为行字段，职称改为列字段，我们可以直接在“数据透视表字段列表”对话框中通过拖曳进行，如图 2-62 所示。

政治面貌	(全部)				
求和项:工资	政治面貌				
职称	助教	讲师	副教授	教授	总计
男	380	2240	860		3480
女	360		980	1280	2620
总计	740	2240	1840	1280	6100

图 2-62　更改布局后的数据透视表

此外，对布局的调整也可以直接在工作表上进行，用鼠标拖动的方式就可以完成。

3)更改数据透视表的汇总方式

数据透视表中所显示的工资的数据是某一类人员工资的总和，现在将工资字段的汇总方式改为求平均值。

方法1:在“数据透视表字段列表”对话框中“数值”的下拉列表里选中“值字段设置”，如图2-63所示，在弹出的“值字段设置”对话框中，设置“选择用于汇总所选字段数据的计算类型”为“平均值”，如图2-64所示，单击“确定”按钮，这样在数据透视表当中所显示的工资值就是某一类人员工资的平均值了，如图2-65所示。

图2-63 “数据透视表字段列表”对话框

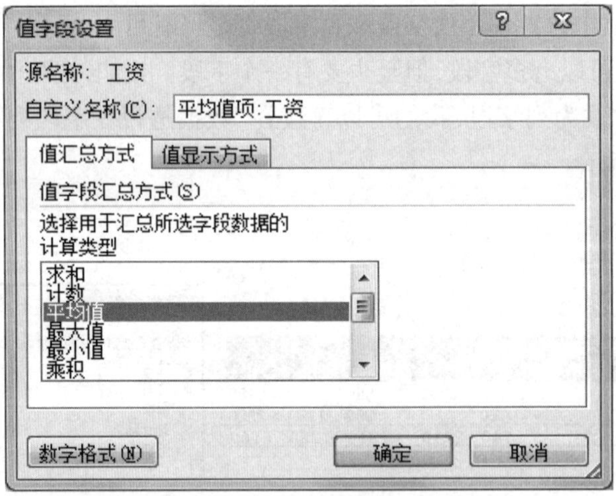

图2-64 “值字段设置”对话框

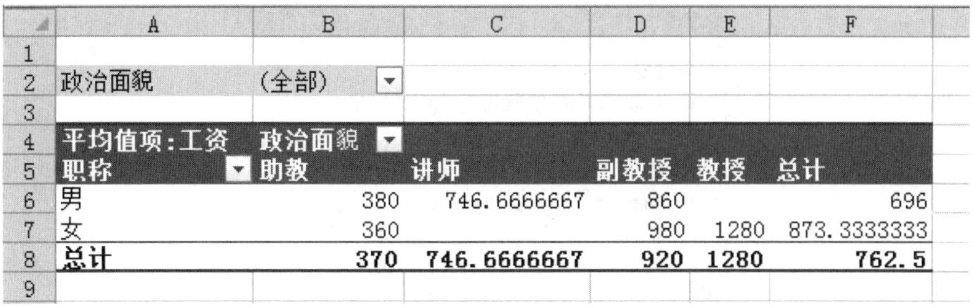

	A	B	C	D	E	F
1						
2	政治面貌	(全部)				
3						
4	平均值项:工资	政治面貌				
5	职称	助教	讲师	副教授	教授	总计
6	男	380	746.6666667	860		696
7	女	360		980	1280	873.3333333
8	总计	370	746.6666667	920	1280	762.5
9						

图 2-65　更改汇总方式

方法 2:鼠标右键单击数据透视表中的任意一个单元格,在弹出的下拉菜单中选择“值汇总依据”为“平均值”,如图 2-66 所示,这样也可以让所显示的工资值是某一类人员工资的平均值。

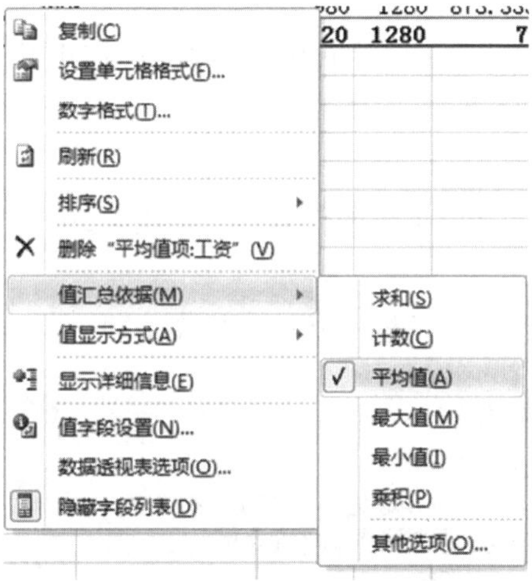

图 2-66　更改数据透视表的汇总方式

4)排序数据透视表中字段项

以排序职称这一列中的各项为例,排序字段项分为手动排序、简单自动排序和根据设置排序三种。

(1)手动排序

①选中要排序的“职称”字段项中的任意一个字段名,单击“数据”选项卡中“排序和筛选”组里的“排序”按钮。

②在弹出的“排序(职称)”对话框中,设置“排序选项”为“手动”,如图 2-67 所示。

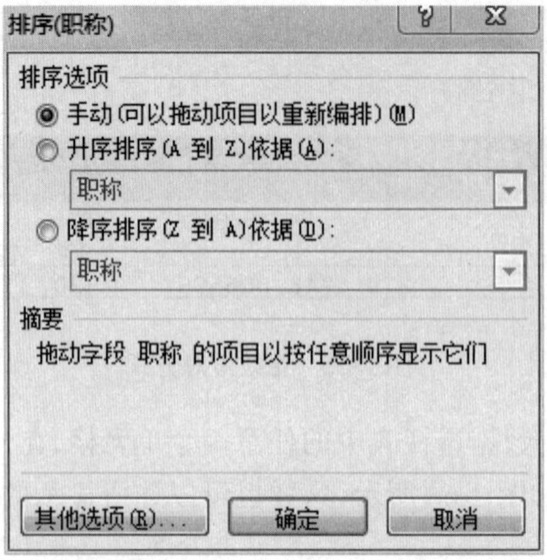

图 2-67 “排序(职称)”对话框

③选中职称字段中的任意一个单元格,通过鼠标拖曳移至合适位置即可实现手动排序。

(2)简单自动排序

①选中要排序的“职称”字段项中的任意一个字段名,单击“数据”选项卡中“排序和筛选”组里的“排序”按钮。

②在弹出的“排序(职称)”对话框中,设置“排序选项”为“升序排序”,如图 2-68 所示。

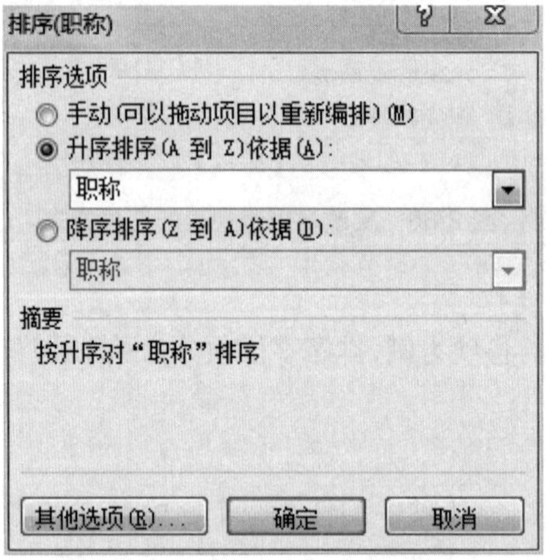

图 2-68 “排序(职称)”对话框

③单击“确定”按钮,这时看到数据透视表中职称这一列已经按照字段项所对应的字母的降序排列好了,如图 2-69 所示。

	A	B	C	D	E	F
1						
2	政治面貌	(全部)				
3						
4	求和项:工资	政治面貌				
5	职称	讲师	助教	教授	副教授	总计
6	女		360	1280	980	2620
7	男	2240	380		860	3480
8	总计	2240	740	1280	1840	6100
9						

图 2-69　简单自动排序后的数据透视表

（3）根据设置排序

①选中要排序的“职称”字段项中的任意一个字段名，单击“数据”选项卡中“排序和筛选”组里的“排序”按钮。

②在弹出的“排序（职称）”对话框中，单击“其他选项”按钮。

③在弹出的“其他排序选项（职称）”对话框中，设置“主关键字排序次序”为“助教，讲师，副教授，教授”，如图 2-70 所示。

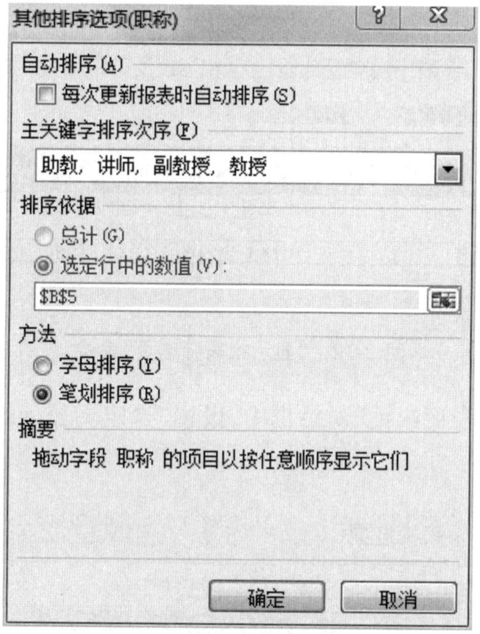

图 2-70　“其他排序选项（职称）”对话框

④单击“确定”按钮，在弹出的“排序（职称）”对话框中，设置“排序选项”为“升序排列”。

⑤单击“确定”按钮，此时数据透视表中的职称就按照我们预先设置的顺序进行排序了，如图 2-71 所示。

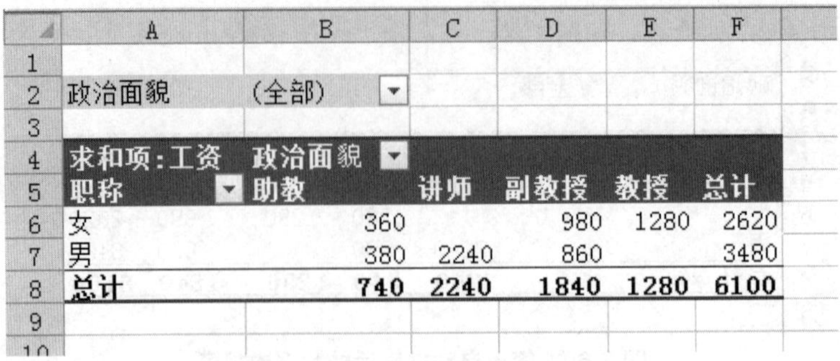

图 2-71 设置排序后的数据透视表

5）分页显示数据透视表

①单击“选项”选项卡中“数据透视表”组里的“选项”按钮，在其下拉菜单中选择“显示报表筛选页”命令，如图 2-72 所示。

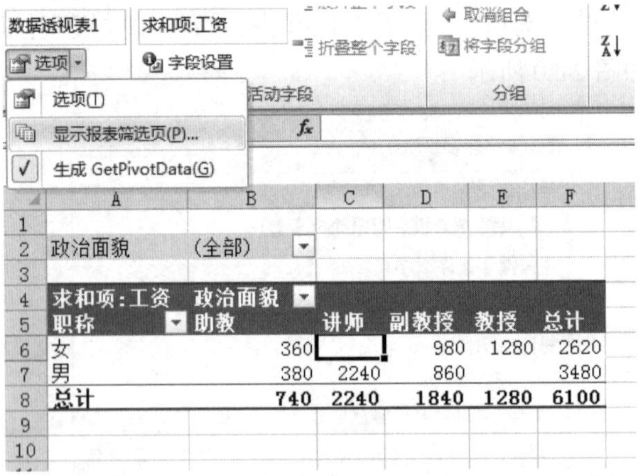

图 2-72 “显示报表筛选页”命令

②在弹出的“显示报表筛选页”对话框中，设置“选定要显示的报表筛选页字段”为“政治面貌”，如图 2-73 所示。

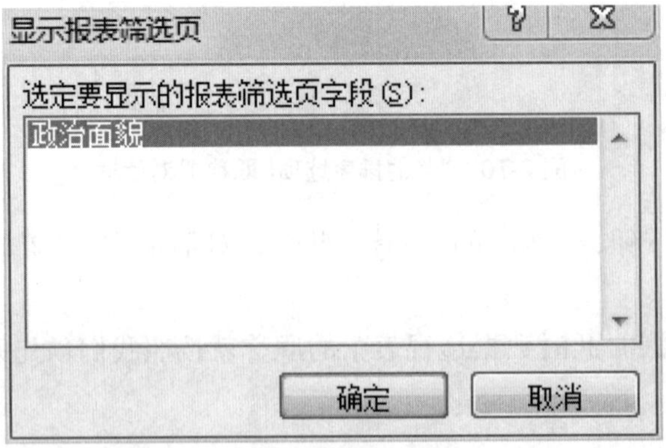

图 2-73 “显示报表筛选页”对话框

③单击“确定”按钮，这样 Excel 就自动按照页字段的每一项插入了一张新的工作表，即共产党员工作表和群众工作表，如图 2-74 和图 2-75 所示。

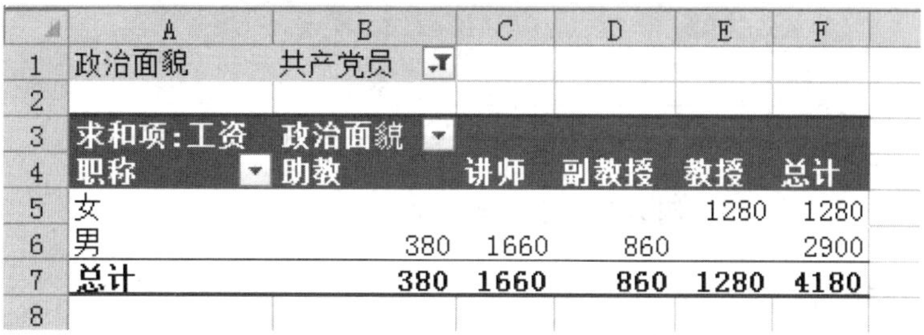

	A	B	C	D	E	F
1	政治面貌	共产党员				
2						
3	求和项:工资	政治面貌				
4	职称	助教	讲师	副教授	教授	总计
5	女				1280	1280
6	男	380	1660	860		2900
7	总计	380	1660	860	1280	4180
8						

图 2-74　字段项为“共产党员”的工作表

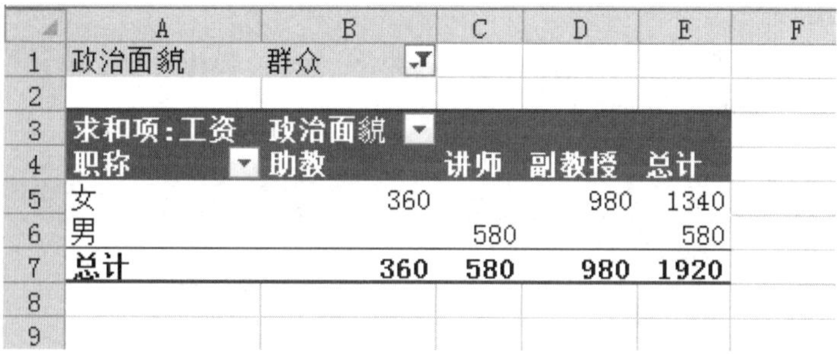

	A	B	C	D	E	F
1	政治面貌	群众				
2						
3	求和项:工资	政治面貌				
4	职称	助教	讲师	副教授	总计	
5	女	360		980	1340	
6	男		580		580	
7	总计	360	580	980	1920	
8						
9						

图 2-75　字段项为“群众”的工作表

4. 设置数据透视表格式

设置数据透视表格式是要对我们之前创建数据表所产生的 Sheet1 工作表进行字体数字等格式的设置。

1）设置字符格式

将技术职称中字段项设为加粗倾斜的格式。

①选中 B4:D4 单元格区域。

②单击格式工具栏中的“加粗”按钮和“倾斜”按钮，如图 2-76 所示 最终效果如图 2-77 所示。

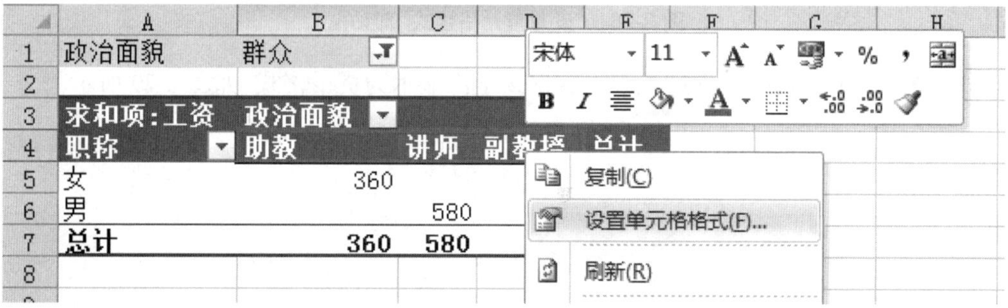

图 2-76　设置字符格式

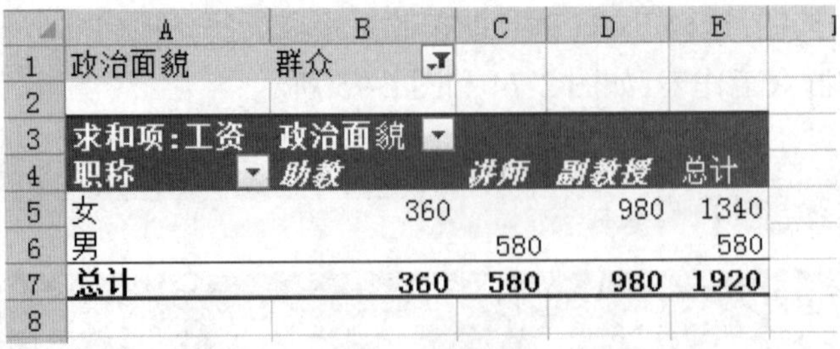

图 2-77 设置字符格式的最终效果

2)设置数据格式

例如,将工资的汇总格式设置为货币格式。

①选中数据透视表所要更改格式的工资值,单击鼠标右键,在弹出的快捷菜单中选择"设置单元格格式"命令。

②弹出"数据透视表字段"对话框,单击"数字"按钮,弹出"设置单元格格式"对话框,设置分类为"货币",如图 2-78 所示。

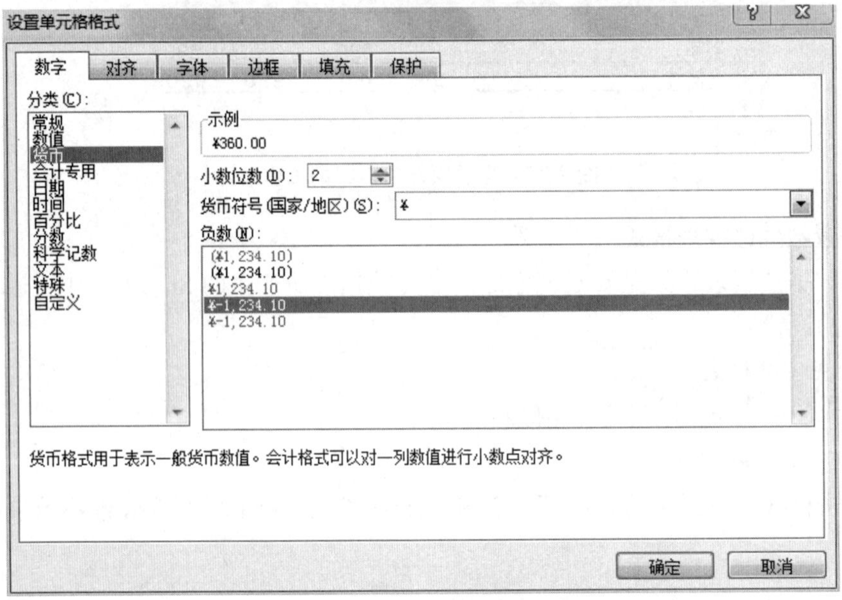

图 2-78 "设置单元格格式"对话框

③单击"确定"按钮,数据透视表中数据区全部显示为货币格式,如图 2-79 所示。

	A	B	C	D	E	F
1						
2	政治面貌	(全部)				
3						
4	求和项:工资	政治面貌				
5	职称	助教	讲师	副教授	教授	总计
6	女	¥360.00		¥980.00	¥1,280.00	¥2,620.00
7	男	¥380.00	¥2,240.00	¥860.00		¥3,480.00
8	总计	¥740.00	¥2,240.00	¥1,840.00	¥1,280.00	¥6,100.00
9						

图 2-79　设置数据格式

当前数据透视表当中，只包含一个数据区中的字段，如果在数据区中包含两个或两个以上的字段，格式设置的时候就必须分别对它们进行设置，因此就要做两次或以上的操作。

5. 使用数据透视图

以之前使用的数据清单和数据透视表为例，继续创建数据透视图。

1）由数据清单创建数据透视图

①单击数据清单中的任意一个单元格，单击“插入”选项卡中“表格”组里的“数据透视表”按钮，在其下拉菜单中选择“数据透视图”，如图 2-80 所示。

②在弹出的“创建数据透视表及数据透视图”对话框中，设置“请选择要分析的数据”为“选择一个表或区域”，“选择放置数据透视表及数据透视图的位置”为“现有工作表”，这样我们可以在这里确定目标区域放置的位置。

需要注意的是，这里所确定的位置并不是放置数据透视图的，而是为与数据透视图相关联的数据透视表确定存放位置。由数据清单创建数据透视图的时候，Excel 在创建数据透视图的同时会自动创建一个数据透视表。数据透视图的存放位置是由系统自动确定的，这里我们确定数据透视表显示的位置是现有工作表中的 A14 单元格，上面的两行是存放页字段的，如图 2-81 所示。

图 2-80　选中“数据透视图”

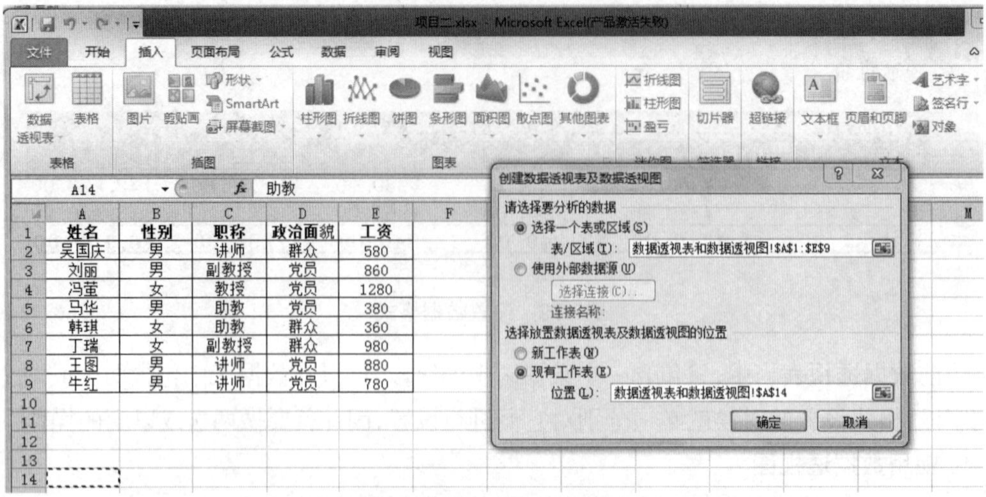

图 2-81　设置数据透视表位置

③如果单击“确定”按钮，则关闭当前对话框，在数据清单下会显示一个数据透视表的框架和一个数据透视图的框架，如图 2-82 所示。然后通过拖曳鼠标完成数据透视表及数据透视图的创建。

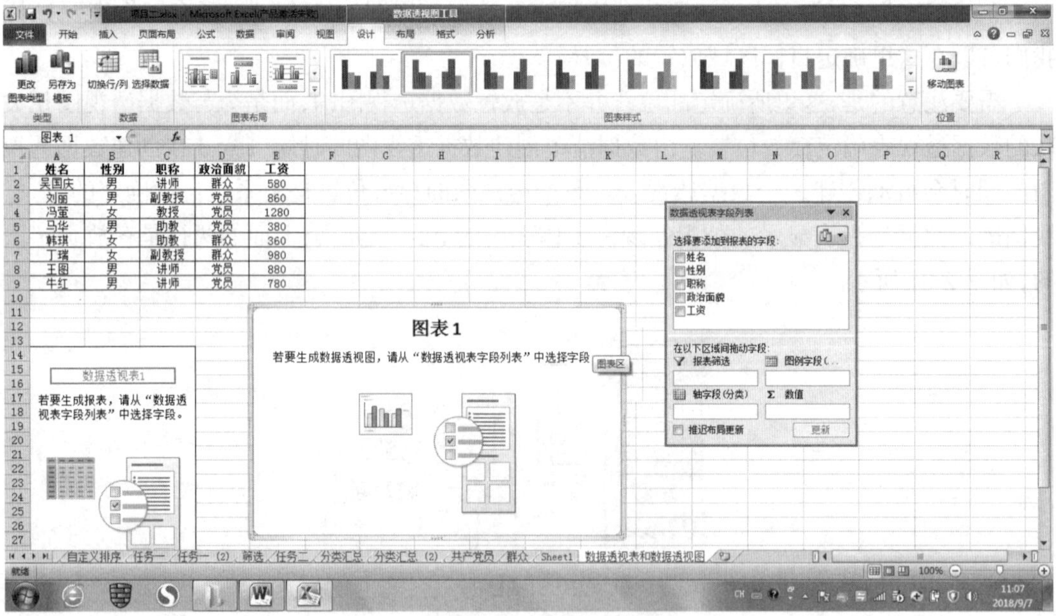

图 2-82　数据透视表和数据透视图(1)

从“数据透视表字段列表”中把“性别”拖到“报表筛选”，把“职称”拖到“行标签”，把“政治面貌”拖到“列标签”，把“工资”拖到“数值”，这样一个完整的数据透视表就创建出来了。

在数据透视表中，把性别设置为报表筛选，把职称设置为行标签，把政治面貌设置为列标签，把工资设置为数值，那么在透视图当中对应显示为图例字段(系列)和轴字段(分类)。

数据透视图与数据透视表是密切相连的，更改二者之一，另一个会随之更改，如图 2-83 所示。与浏览数据透视表一样，在数据透视图中也可以有选择地查看不同范围的数据，比如可以只查看性别为女的职工的工资情况，如图 2-84 所示。能够有选择性地浏览数据是数据透视图特有的强大功能，这一功能显然是常规的图表所不具备的。

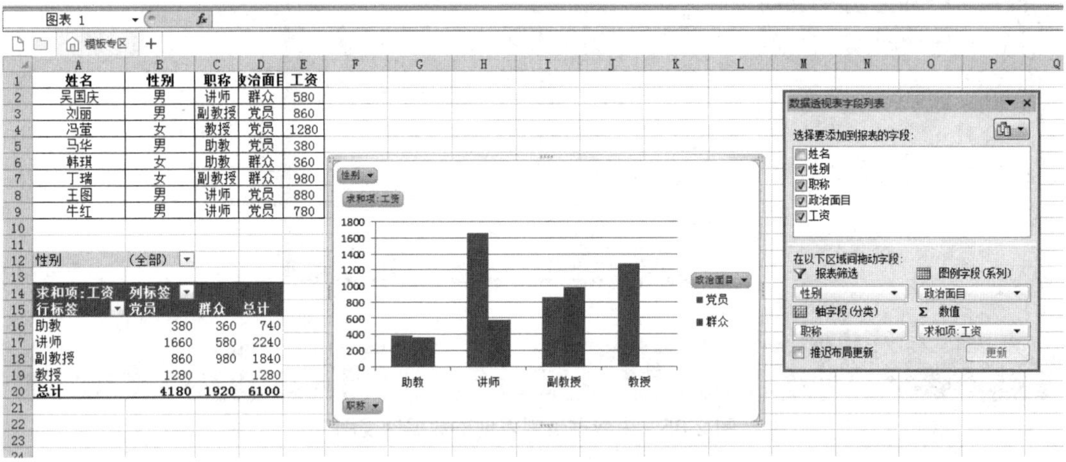

图 2-83　数据透视表和数据透视图(2)

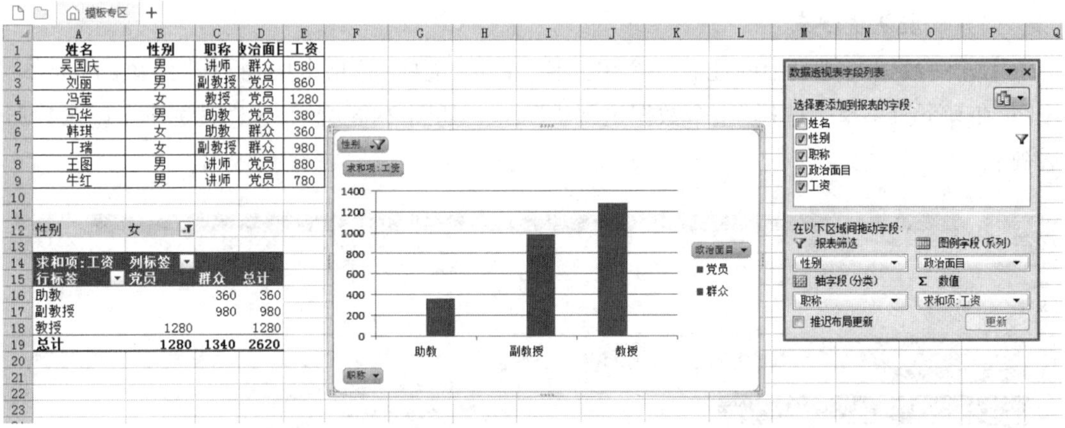

图 2-84　设置女职工的数据透视表和数据透视图

2）由数据透视表创建数据透视图

选中数据透视表中的任意一个单元格，单击“选项”选项卡中“工具”组里的“数据透视图”按钮，在弹出的“插入图表”对话框中，选择任意一种所需的图形作为数据透视图，单击“确定”按钮。此时，就会在当前工作表中创建一张数据透视图，如图 2-85 所示。用户对当前的数据透视图可以逐项进行更改和添加。

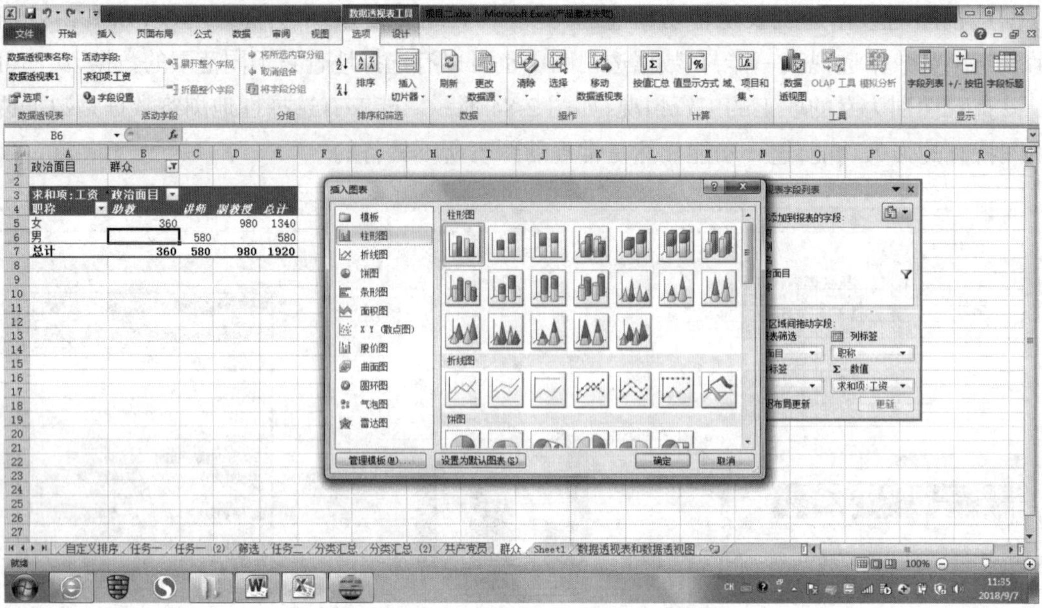

图 2-85 由数据透视表创建数据透视图

对数据透视图内容的更改编辑以及格式设置与常规的 Excel 图表的操作方法大体相同,主要通过图表工具栏来进行。

3)清除数据透视表

①选中数据透视表中的任意一个单元格,单击“选项”选项卡中“操作”组里的“选择”按钮,在其下拉菜单中选择“整个数据透视表”命令,如图 2-86 所示,这样就选中了整张数据透视表。

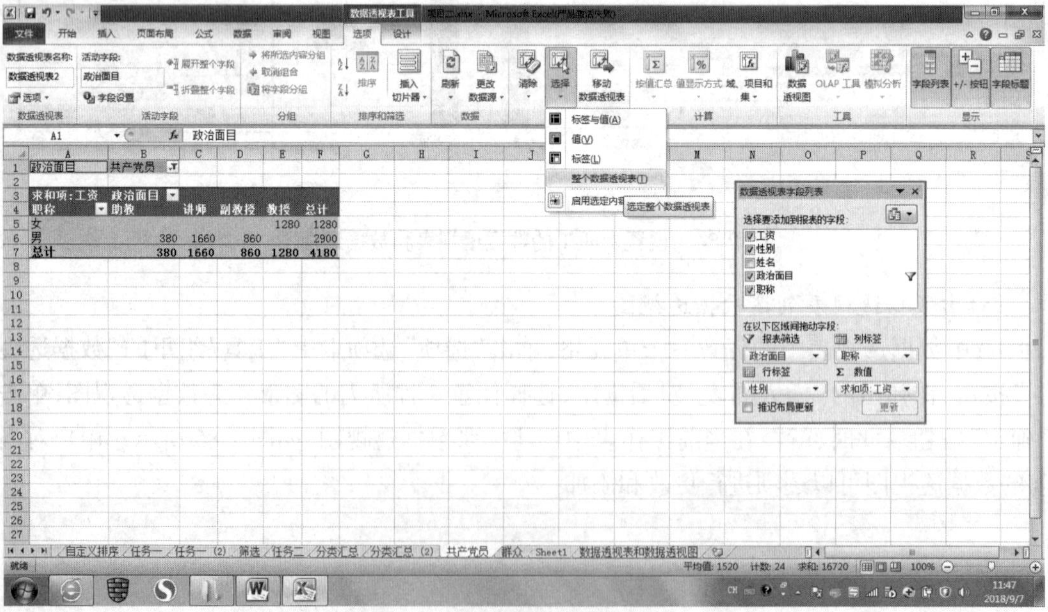

图 2-86 选中整张数据透视表

②单击“选项”选项卡中“操作”组里的“清除”按钮,在其下拉菜单中选择“全部清除”命令。就可以清除整张数据透视表,数据透视表清除后与它相关联的数据透视图也一起被清除。

4)清除数据透视图

选中数据透视图,单击“分析”选项卡中“数据”组里的“清除”按钮,在其下拉菜单中选择“全部清除”命令,这样数据透视图就被清除了,数据透视图被清除以后与它相关联的数据透视表也一起被清除。

三、任务实施

【实施内容】

根据需要对图 2-87 中武汉大学的教师工资情况进行数据透视表和数据透视图的制作,要求以“姓名”作为报表筛选,“职称”作为行字段,“部门”作为列字段,显示的数据是“实发工资”。

	A	B	C	D	E	F	G	H	I	J	K	L	M
1	武汉大学五月份部分教师工资情况表												
2	序号	姓名	部门	职称	岗位工资	薪级工资	岗位绩效	课时工资	工作津贴	加班费	合计	扣所得税	实发工资
3	1	李红花	经管学院	讲师	600	256	500	980	660	560	3556	177.8	3378.2
4	2	王小芳	生化学院	副教授	800	356	600	1280	860	850	4746	237.3	4508.7
5	3	孙楠	艺术学院	教授	1280	560	900	1580	980	860	6160	308	5852
6	4	董梦达	艺术学院	助教	500	200	200	880	500	250	2530	126.5	2403.5
7	5	刘娜	软件学院	助教	500	280	230	780	450	158	2398	119.9	2278.1
8	6	孟芳	软件学院	讲师	680	380	360	890	680	263	3253	162.65	3090.35
9	7	孙萌瑞	软件学院	讲师	680	420	380	920	690	368	3458	172.9	3285.1
10	8	崔芳	软件学院	副教授	900	423	700	1280	900	789	4992	249.6	4742.4
11	9	杨妮	机械学院	教授	1280	600	900	1580	1000	852	6212	310.6	5901.4
12	10	李华	机械学院	教授	1180	620	890	1680	1020	152	5542	277.1	5264.9
13	11	付海瑞	经管学院	副教授	980	532	750	1180	920	654	5016	250.8	4765.2
14	12	韩方	经管学院	教授	1280	644	900	1780	1180	487	6271	313.55	5957.45
15	13	李明辉	生化学院	讲师	680	264	450	890	780	850	3914	195.7	3718.3
16	14	李穗生	机械学院	副教授	1080	453	750	1180	1160	520	5143	257.15	4885.85
17	15	王珂	电子学院	教授	1280	605	890	1580	1580	352	6287	314.35	5972.65
18	16	孟奇	电子学院	教授	1180	623	920	1560	1680	654	6617	330.85	6286.15
19													

图 2-87 武汉大学五月份部分教师工资情况表

【具体操作】

①数据清单中的任意一个单元格,单击“插入”选项卡中“表格”组里的“数据透视表”按钮,在弹出的“创建数据透视表”对话框中,设置“请选择要分析的数据”为“选择一个表或区域”,“选择放置数据透视表的位置”为“现有工作表”,如图 2-88 所示。

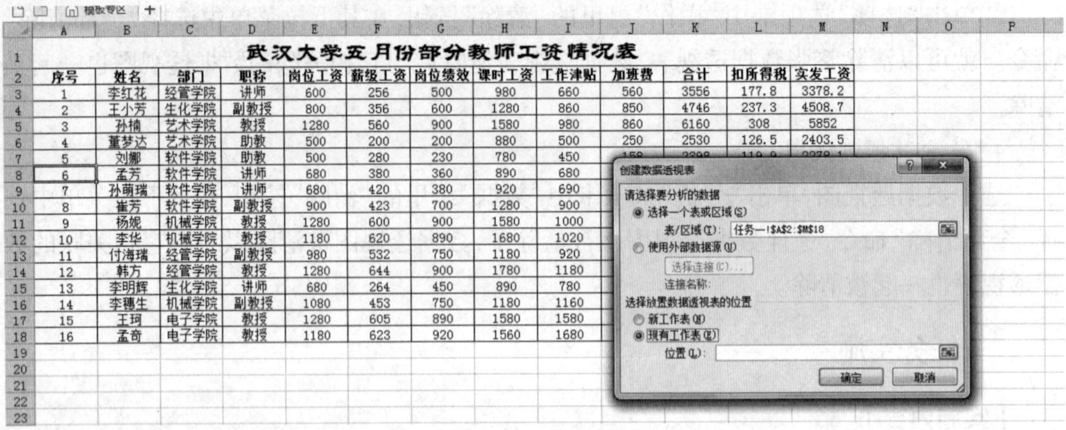

武汉大学五月份部分教师工资情况表

序号	姓名	部门	职称	岗位工资	薪级工资	岗位绩效	课时工资	工作津贴	加班费	合计	扣所得税	实发工资
1	李红花	经管学院	讲师	600	256	500	980	660	560	3556	177.8	3378.2
2	王小芳	生化学院	副教授	800	356	600	1280	860	850	4746	237.3	4508.7
3	孙楠	艺术学院	教授	1280	560	900	1580	980	860	6160	308	5852
4	董梦达	艺术学院	助教	500	200	200	880	500	250	2530	126.5	2403.5
5	刘娜	软件学院	助教	500	280	230	780	450	[illegible]	[illegible]	[illegible]	[illegible]
6	孟芳	软件学院	讲师	680	380	360	890	680	[illegible]	[illegible]	[illegible]	[illegible]
7	孙萌瑞	软件学院	讲师	680	420	380	920	690	[illegible]	[illegible]	[illegible]	[illegible]
8	崔芳	软件学院	副教授	900	423	700	1280	900	[illegible]	[illegible]	[illegible]	[illegible]
9	杨妮	机械学院	教授	1280	600	900	1580	1000	[illegible]	[illegible]	[illegible]	[illegible]
10	李华	机械学院	教授	1180	620	890	1680	1020	[illegible]	[illegible]	[illegible]	[illegible]
11	付海瑞	经管学院	副教授	980	532	750	1180	920	[illegible]	[illegible]	[illegible]	[illegible]
12	韩方	经管学院	教授	1280	644	900	1780	1180	[illegible]	[illegible]	[illegible]	[illegible]
13	李明辉	生化学院	讲师	680	264	450	890	780	[illegible]	[illegible]	[illegible]	[illegible]
14	李穗生	机械学院	副教授	1080	453	750	1180	1160	[illegible]	[illegible]	[illegible]	[illegible]
15	王珂	电子学院	教授	1280	605	890	1580	1580	[illegible]	[illegible]	[illegible]	[illegible]
16	孟奇	电子学院	教授	1180	623	920	1560	1680	[illegible]	[illegible]	[illegible]	[illegible]

图 2-88 创建数据透视表

②单击“确定”铵钮,根据要求,从“数据透视表字段列表”中把“姓名”拖到“报表筛选”,把“职称”拖到“行标签”,把“部门”拖到“列标签”,把“工资”拖到“数值”,这样一个完整的数据透视表就创建出来了。

项目三　数据中财务函数的应用

Excel 提供了许多财务函数,包括折旧计算函数、投资计算函数、偿还率计算函数,等等。这些函数为财务分析提供了极大的便利。利用这些函数,可以进行一般的财务计算,如确定固定资产的折旧额、贷款的支付额、投资的未来值和内含报酬率,等等。

1. 知识点、技能点

①固定资产及折旧的概念。

②固定资产折旧的计算。

③货币时间价值的概念。

④货币时间价值的计算。

⑤折旧计算函数的使用。

⑥终值、现值函数的使用。

⑦内含报酬率函数的使用。

⑧趋势线性预测函数的使用。

2. 教学目标

学习和掌握常用财务函数的使用方法,学会使用财务函数计算货币资金的时间价值、固定资产折旧、投资项目的内含报酬率等财务指标,以提高财务工作的效率,为日后学习财务分析奠定基础。

任务一　计算年限平均法的折旧额

一、任务概述

使用 SLN 函数计算光明公司年限平均法的折旧额。

二、知识点介绍

1. 固定资产及折旧的概念

固定资产是指同时具备下列特征的有形资产:一是为生产商品、提供劳务、出租或经营管理而持有的;二是使用寿命超过一个会计年度的。

企业生产经营中使用的固定资产,一般使用寿命较长,超过一个会计年度;单位价值较高,能在若干个生产周期中发挥作用;使用过程中保持其原有实物形态不变,如房屋、建筑物、机器、机械、运输工具以及其他与生产、经营有关的设备、器具和工具等。从会计的角度划分,固定资产一般被分为生产用固定资产、非生产用固定资产、租出固定资产、未使用固定资产、不需用固定资产、融资租赁固定资产和接受捐赠固定资产等。

固定资产在使用过程中会不断发生磨损或损耗,包括有形损耗和无形损耗两种。有形损耗是指固定资产在生产过程中由于使用和自然力的影响而发生的在使用价值和价值上的损失;无形损耗是指由于技术上的进步,高效能固定资产的出现和推广,从而使原有固定资产的效能相对降低而引起的损失。

固定资产的损耗价值要逐渐转移到成本费用中去,以便从收入中得到补偿。固定资产转移到成本费用中去的那部分损耗价值称为固定资产折旧。企业之所以计提折旧,是因为固定资产在使用过程中会逐渐丧失服务潜力,企业必须在固定资产的有效使用期限内把固定资产的成本分配给各受益期,实现期间收入与费用的正确配比;同时也逐渐形成重置固定资产的资金实力。实际上,折旧的核算就是固定资产成本分摊的过程,即在固定资产的预计使用寿命内,按照确定的方法对应计折旧额进行的系统分摊的过程。

2. 固定资产折旧范围

1)固定资产折旧的空间范围

固定资产准则规定:企业应当对所有固定资产计提折旧。但是,已提足折旧仍继续使用的固定资产和按照规定单独估价作为固定资产入账的土地除外。

2)固定资产折旧的时间范围

企业应当按月计提固定资产折旧,当月增加的固定资产,当月不计提折旧,从下月起计提折旧;当月减少的固定资产,当月仍计提折旧,从下月起停止计提折旧。提足折旧后,不管能否继续使用,均不再提取折旧;提前报废的固定资产,也不再补提折旧。

3. 影响折旧的基本因素

企业在计提固定资产折旧时,必须考虑以下几项影响折旧的基本因素。

①固定资产原值,即固定资产原始成本,是指固定资产取得时的入账价值或原价。

②预计净残值,这里指预计固定资产报废时可以收回的残余价值扣除预计清理费用的余额,是在使用期满后对固定资产的回收额,在计算折旧时应从固定资产原值中扣除。

③固定资产减值准备,是指固定资产已计提的固定资产减值准备累计金额。

④固定资产的使用寿命,是指企业使用固定资产的预计期间,或者该固定资产所能生产产品或提供劳务的数量。

注意:固定资产的折旧年限、预计净残值一经选定,不得随意调整。

4. 固定资产折旧方法

企业计提固定资产折旧的方法有多种,包括年限平均法、工作量法、年数总和法和双倍余额递减法。企业在不违背会计准则和会计政策的情况下,可根据固定资产所含经济利益预期实现方式选择适用的折旧方法。选用不同的折旧方法,将影响固定资产使用寿命期间内不同时期的折旧费用,因此,折旧方法一经确定,不得随意变更,除非企业在对折旧方法定期的复核中,发现固定资产包含经济利益的预期实现方式有重大改变。企业变更固定资产折旧方法时,应报有关部门进行备案,并在财务报表附注中予以说明。

5. 固定资产折旧的年限平均法

年限平均法又称直线法,是将固定资产损耗的价值,按照固定资产折旧年限平均分摊到各期的一种方法，采用这种方法的每期折旧额是等额的。

采用该方法计提固定资产折旧计算简单，各期计提的折旧额均衡。但存在着明显的局限性。一是固定资产在使用前期提供的工作效率相对较高，所带来的经济效益也较多；在使用后期提供的工作效率相对较低，所带来的经济效益也较少；而年限平均法不考虑这一事实，根据受益与费用配比原则，明显不合理。二是该方法只看资产的使用时间，而不重视其使用情况。例如，不论资产在减工时期还是在加班时期，都计提同等的折旧费，而不考虑各期实际磨损程度。

年限平均法的计算公式如下。

1）折旧额的计算

年折旧额 =（固定资产原值 - 预计净残值）÷ 预计使用寿命

或　　= 固定资产原值 ×（1- 预计净残值率）÷ 预计使用寿命

月折旧额 = 年折旧额 ÷ 12

注：预计净残值 = 固定资产原值 × 预计净残值率

2）折旧率的计算

年折旧率 = 年折旧额 ÷ 固定资产原值 ×100%

年折旧率 =（1- 预计净残值率）÷ 预计使用年限 ×100%

月折旧率 = 年折旧率 ÷ 12

月折旧额 = 固定资产原值 × 月折旧率

例：A 企业有一厂房，其原始价值为 400 000 元，预计使用年限 10 年，预计净残值率为 4%，按年限平均法计提折旧，计算该厂房的月折旧额。

解：年折旧率 =（1-4%）÷ 10×100%=9.6%

月折旧率 = 9.6% ÷ 12=0.8%

月折旧额 = 400 000 × 0.8%=3 200（元）

或

年折旧额 = 400 000×（1-4%）÷ 10=38 400（元）

月折旧额 = 38 400 ÷ 12=3 200（元）

6. SLN 函数

在 Excel 中可以使用 SLN 函数计算年限平均法的折旧额，其函数格式如下：

SLN（cost，salvage，life）

其中，参数 cost 代表固定资产的原始价值；参数 salvage 代表固定资产在折旧期末的价值（也称为固定资产残值）；参数 life 代表固定资产的折旧期限（有时也称作固定资产的使用寿命）。

SLN 函数的使用说明如图 3-1 所示。

	A	B
1	数据	说明
2	30,000	资产原值
3	7,500	资产残值
4	10	使用寿命
	公式	说明（结果）
	=SLN(A2, A3, A4)	每年的折旧值 (2,250)

图 3-1 SLN 函数的使用说明

三、任务实施

【实施内容】

如图 3-2 所示，光明公司有一台设备，原值 190 000 元，预计净残值率为 4%，预计净残值为 7 600 元（190 000×4%），预计使用年限 5 年。使用 SLN 函数计算光明公司年限平均法的折旧额。

	A	B	C
1	已知：		
2	固定资产原值：	190000	
3	预计残值：	7600	
4	预计使用年限：	5	
5			
6			
7			
8	年份	本年折旧	累计折旧
9	1		
10	2		
11	3		
12	4		
13	5		

图 3-2 建立固定资产折旧计算表

【具体操作】

①选中 B9 单元格，选择“插入”菜单中的“函数”命令，如图 3-3 所示。

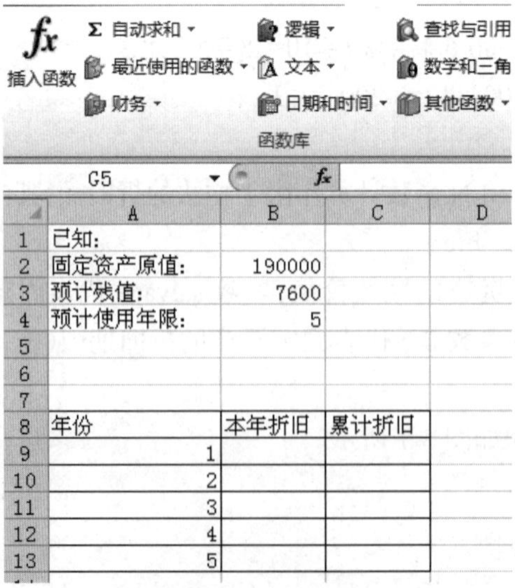

	A	B	C	D
1	已知:			
2	固定资产原值:	190000		
3	预计残值:	7600		
4	预计使用年限:	5		
5				
6				
7				
8	年份	本年折旧	累计折旧	
9	1			
10	2			
11	3			
12	4			
13	5			

图 3-3 “函数”命令

②在弹出的“插入函数”对话框中的“或选择类别”下拉列表框里选择“财务”，在“选择函数”列表框里选择 SLN 函数，如图 3-4 所示。

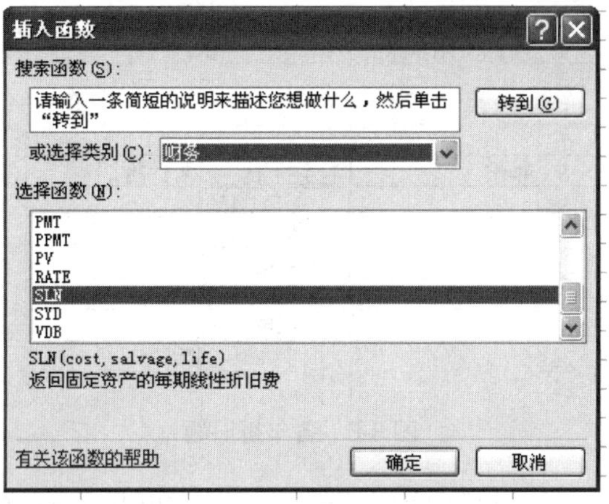

图 3-4 “插入函数”对话框

③在弹出的“函数参数”对话框中，设置函数参数“Cost”为“$B$2”，“Salvage”为“$B$3”，“Life”为“$B$4”，如图 3-5 所示，单击“确定”按钮计算结果就显示在 B9 单元格中。

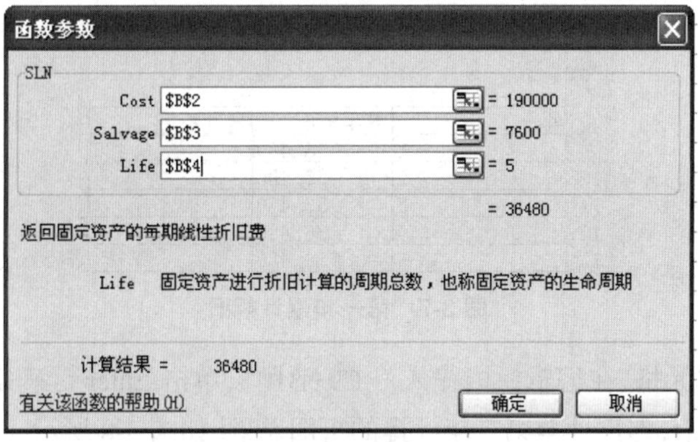

图 3-5 “函数参数”对话框

④选中 B9 单元格，将光标移动到 B9 单元格右下角，当光标变成黑色十字填充柄时，按住鼠标左键不放，拖动至 B13 单元格，此时，第一年到第五年每年应计提的折旧额就全部显示出来，如图 3-6 所示。

B9　　=SLN($B$2, $B$3, $B$4)

	A	B	C
1	已知：		
2	固定资产原值：	190000	
3	预计残值：	7600	
4	预计使用年限：	5	
5			
6			
7			
8	年份	本年折旧	累计折旧
9	1	￥36,480	
10	2	￥36,480	
11	3	￥36,480	
12	4	￥36,480	
13	5	￥36,480	
14			
15			

图 3-6　各年折旧额

⑤选中 C9 单元格，在编辑栏内输入“=”后，单击 B9 单元格，再单击 Enter 键确定，则 C9 单元格显示第一年的累计折旧，如图 3-7 所示。

C9　　=B9

	A	B	C
1	已知：		
2	固定资产原值：	190000	
3	预计残值：	7600	
4	预计使用年限：	5	
5			
6			
7			
8	年份	本年折旧	累计折旧
9	1	￥36,480	￥36,480
10	2	￥36,480	
11	3	￥36,480	
12	4	￥36,480	
13	5	￥36,480	

图 3-7　第一年累计折旧

⑥选中 C10 单元格，在编辑栏内输入“=C9+B10”，单击 Enter 键确定，则 C10 单元格显示第二年的累计折旧，即累计至第二年计提的折旧总额，如图 3-8 所示。

C10　　=C9+B10

	A	B	C
1	已知：		
2	固定资产原值：	190000	
3	预计残值：	7600	
4	预计使用年限：	5	
5			
6			
7			
8	年份	本年折旧	累计折旧
9	1	￥36,480	￥36,480
10	2	￥36,480	￥72,960
11	3	￥36,480	
12	4	￥36,480	
13	5	￥36,480	

图 3-8　第二年累计折旧

⑦利用自动填充方法，完成 C11：C13 单元格区域累计折旧的计算，该区域依次显示累计至第三年、第四年和第五年计提的折旧总额，如图 3-9 所示。

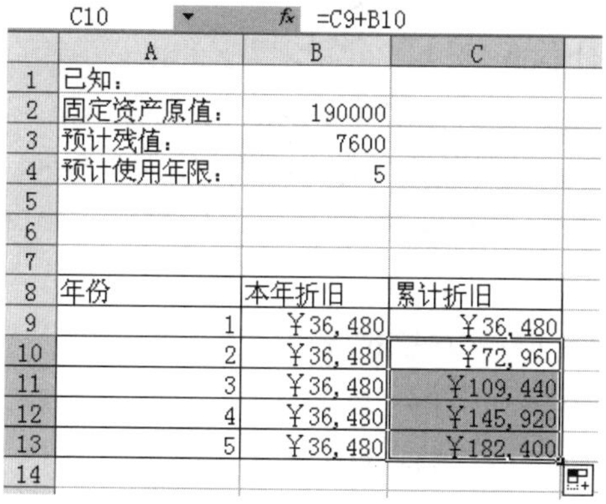
C10　fx =C9+B10

	A	B	C
1	已知：		
2	固定资产原值：	190000	
3	预计残值：	7600	
4	预计使用年限：	5	
5			
6			
7			
8	年份	本年折旧	累计折旧
9	1	￥36,480	￥36,480
10	2	￥36,480	￥72,960
11	3	￥36,480	￥109,440
12	4	￥36,480	￥145,920
13	5	￥36,480	￥182,400
14			

图 3-9　全部累计折旧

任务二　计算年数总和法的折旧额

一、任务概述

使用 SYD 函数计算利华公司年数总和法各期的折旧额。

二、知识点介绍

1. 年数总和法

年数总和法属于加速折旧法。加速折旧法也称快速折旧法或递减折旧法，在固定资产有效使用年限的前期多提折旧，后期则少提折旧，从而相对加快折旧的速度，以使固定资产成本在有效使用年限内加快得到补偿。与年限平均法相比，加速折旧法既不意味着要缩短折旧年限，也不意味着要增大或减少应提折旧总额，只是对应提折旧总额在各使用年限的分配上采用了递减的方式而不是平均的方式，以使固定资产的成本尽早得到补偿。不论采用加速折旧法还是年限平均法，在整个固定资产预计使用年限内计提的折旧总额是相等的。加速折旧法包括年数总和法和双倍余额递减法。

年数总和法，是以固定资产的原值减去预计净残值后的金额乘以一个逐年递减的分数计算每年的折旧额的一种方法。这个逐年递减的分数的分子代表固定资产尚可使用的年数，分母代表使用年数的逐年数字总和。

年数总和法的特点是计提折旧的基数固定不变，即以固定资产的原值减去预计净残值后的金额为基数，折旧率依据固定资产的使用年限来确定，且各年折旧率呈递减趋势，故以此计算出的年折旧额也呈递减趋势。

年数总和法主要用于以下两个方面的固定资产：一是由于技术进步，产品更新换代较快的；二是常年处于强震动、高腐蚀状态的。

年数总和法的计算公式如下：

年折旧率 = 尚可使用年数 ÷ 预计使用年数总和 ×100%

或 =（预计使用年限 − 已使用年限）÷ 预计使用年数总和 ×100%

月折旧率 = 年折旧率 ÷12

月折旧额 =（固定资产原值 − 预计净残值）× 月折旧率

注：预计使用年数总和 = 预计使用年限 ×（预计使用年限 +1）÷ 2

例：某项固定资产，原值为 50 000 元，预计使用年限为 5 年，预计净残值为 2 000 元，按年数总和法来计提折旧。

解：应提折旧额 =50 000−2000=48 000（元）

预计使用年数总和 =5×（5+1）÷ 2=15

该固定资产每年折旧额的计算结果见表 3-1。

表 3-1　年数总和法各年折旧额计算表

年 限（年）	应提折旧额（元）	尚可使用年限（年）	折 旧 率	年折旧额（元）	累计折旧额（元）	折余价值（元）
0						50 000
1	48 000	5	5/15	16 000	16 000	34 000
2	48 000	4	4/15	12 800	28 800	21 200
3	48 000	3	3/15	9 600	38 400	11 600
4	48 000	2	2/15	6 400	44 800	5 200
5	48 000	1	1/15	3 200	48 000	2 000

2. SYD 函数

在 Excel 中可以使用函数 SYD 来计算年数总和法下的固定资产折旧额。其格式如下：

SYD（cost，salvage，life，per）

其中，参数 cost 为固定资产原值；参数 salvage 为固定资产在折旧期末的价值（也称为固定资产残值）；参数 life 为固定资产的折旧期限（有时也称固定资产的使用寿命）；参数 per 为期间，其单位与 life 相同（该期间是指折旧所归属的期间）。

函数 SYD 计算公式如下：

$$SYD=\frac{(\text{cost-salvage})\times(\text{life-per+1})\times 2}{(\text{life})(\text{life+1})}$$

SYD 函数使用说明如图 3-10 所示。

	A	B
1	数据	说明
2	30,000	资产原值
3	7,500	资产残值
4	10	使用寿命
	公式	说明（结果）
	=SYD(A2,A3,A4,1)	第一年的折旧值 (4,090.91)
	=SYD(A2,A3,A4,10)	第十年的折旧值 (409.09)

图 3-10 SYD 函数使用说明

三、任务实施

【实施内容】

如图 3-11 所示，利华公司购入一台设备，原值 60 000 元，预计净残值率为 5%，预计净残值为 3 000 元(60 000×5%)，预计使用年限 5 年。使用 SYD 函数计算利华公司各年的折旧额。

	A	B	C
1	已知：		
2	固定资产原值：	60000	
3	预计残值：	3000	
4	预计使用年限：	5	
5			
6			
7			
8	年份	本年折旧	累计折旧
9	1		
10	2		
11	3		
12	4		
13	5		

图 3-11 建立固定资产折旧计算表

【具体操作】

①选中 B9 单元格，单击“公式”选项卡中“数据库”组里的“插入函数”按钮，在弹出的“插入函数”对话框中“选择类别”列表框里选择“财务”，在“选择函数”列表框里选择 SYD 函数，单击“确定”按钮。

②在弹出的“函数参数”对话框中，设置函数参数“Cost”为“$B$2”，“Salvage”为“$B$3”，“Life”为“$B$4”，“Per”为“A9”，单击“确定”按钮。

③选中 B9 单元格，将光标移动到 B9 单元格右下角，当光标变成黑色十字填充柄时，按住鼠标左键不放，拖动至 B13 单元格，此时，第一年到第五年每年应计提的折旧额就全部显示出来，如图 3-12 所示。

	A	B	C
1	已知：		
2	固定资产原值：	60000	
3	预计残值：	3000	
4	预计使用年限：	5	
5			
6			
7			
8	年份	本年折旧	累计折旧
9	1	￥19,000	
10	2	￥15,200	
11	3	￥11,400	
12	4	￥7,600	
13	5	￥3,800	
14			

图 3-12　各年折旧额

④选中 C9 单元格，在编辑栏内输入“=”后，单击 B9 单元格，按 Enter 键确定，则 C9 单元格显示第一年的累计折旧，如图 3-13 所示。

C9　=B9

	A	B	C
1	已知：		
2	固定资产原值：	60000	
3	预计残值：	3000	
4	预计使用年限：	5	
5			
6			
7			
8	年份	本年折旧	累计折旧
9	1	￥19,000	￥19,000
10	2	￥15,200	
11	3	￥11,400	
12	4	￥7,600	
13	5	￥3,800	

图 3-13　第一年累计折旧

⑤选中 C10 单元格，在编辑栏内输入“=C9+B10”，按 Enter 键确定，则 C10 单元格显示第二年的累计折旧，即累计至第二年计提的折旧总额，如图 3-14 所示。

C10　=C9+B10

	A	B	C
1	已知：		
2	固定资产原值：	60000	
3	预计残值：	3000	
4	预计使用年限：	5	
5			
6			
7			
8	年份	本年折旧	累计折旧
9	1	￥19,000	￥19,000
10	2	￥15,200	￥34,200
11	3	￥11,400	
12	4	￥7,600	
13	5	￥3,800	

图 3-14　第二年累计折旧

⑥利用自动填充方法，完成 C11：C13 单元格区域累计折旧的计算，该区域依次显示累计至第三年、第四年和第五年计提的折旧总额，如图 3-15 所示。

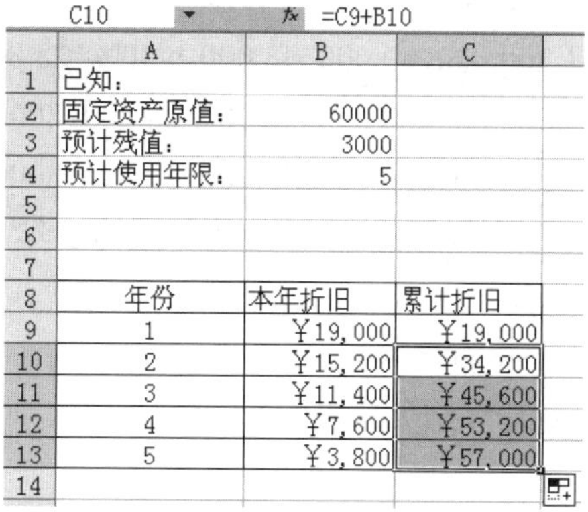

C10　=C9+B10

	A	B	C
1	已知：		
2	固定资产原值：	60000	
3	预计残值：	3000	
4	预计使用年限：	5	
5			
6			
7			
8	年份	本年折旧	累计折旧
9	1	￥19,000	￥19,000
10	2	￥15,200	￥34,200
11	3	￥11,400	￥45,600
12	4	￥7,600	￥53,200
13	5	￥3,800	￥57,000
14			

图 3-15　全部累计折旧

任务三　计算双倍余额递减法的折旧额

一、任务概述

使用 DDB 函数和 SLN 函数计算远洋公司双倍余额递减法各期的折旧额。

二、知识点介绍

1. 双倍余额递减法

双倍余额递减法也是一种加速折旧的方法，它在计算年折旧率时暂不考虑该固定资产在折旧期末时的残值，并且采用直线折旧法的两倍值作为其年折旧率，然后，用该年折旧率乘以该固定资产本期期初账面价值作为本期的年折旧金额。

双倍余额递减法的计算公式为

年折旧率 = 2 ÷ 预计的折旧年限 ×100%

月折旧率 = 年折旧率 ÷12

月折旧额 = 固定资产账面净值 × 月折旧率

最后两年 =（原值 − 已提折旧 − 预计净残值）÷ 2

需要说明的是，采用这种方法计提折旧最终无法将应计提折旧总额分配完毕，因此这种方法不能单独使用，必须同年限平均法结合使用。即采用双倍余额递减法计提折旧的固定资产，应当在其固定资产折旧年限到期前两年内，将固定资产净值扣除预计净残值后的余额平均摊销。

例：南方公司进口一条生产线，安装完毕后，固定资产原值为 200 000 元，预计使用年限 5 年，预计净残值 8 000 元。该生产线按双倍余额递减速法计算各年的折旧额。要求，计算年折旧率和每年应计提的折旧额。

年折旧率 =2 ÷ 5×100% = 40%

第 1 年应提折旧 = 200 000×40%=80 000(元)

第 2 年应提折旧 =(200 000-80 000)×40%=48 000(元)

第 3 年应提折旧 =(200 000-80 000-48 000)×40%=28 800(元)

第 4 年应提折旧 =(200 000-80 000-48 000-28 800-8000) ÷ 2=17 600(元)

第 5 年应提折旧 =(200 000-80 000-48 000-28 800-8000) ÷ 2=17 600(元)

例:某项固定资产,原值为 50 000 元,预计使用年限为 5 年,预计净残值为 2 000 元,按双倍余额递减法来计提折旧。

年折旧率 = 2 ÷ 5×100%=40%

该固定资产每年折旧额的计算结果见表 3-2。

表 3-2 双倍余额递减法各年折旧额计算表

年 限(年)	折旧基数(元)	折 旧 率	年折旧额(元)	累计折旧额(元)	折余价值(元)
0					50 000
1	50 000	40%	20 000	20 000	30 000
2	30 000	40%	12 000	32 000	18 000
3	18 000	40%	7 200	39 200	10 800
4	(18 000-2000) ÷ 2	—	4 400	43 600	6 400
5	6 400	—	4 400	48 000	2 000

注释:折余价值是指固定资产原值或重置价值减去已提折旧额以后的余额,即固定资产的现有价值,又称“固定资产账面净值”。折余价值反映企业在固定资产方面实际占用的资产总额及企业资产的构成情况。

2. DDB 函数

在 Excel 中,可以使用函数 DDB 计算双倍余额递减法的折旧额,其格式如下:

DDB(cost, salvage, life, period, factor)

其中,参数 cost 为固定资产原值;参数 salvage 为固定资产在折旧期末的价值(也称为固定资产残值);参数 life 为固定资产的折旧期限(有时也称固定资产的使用寿命);参数 period 为期间,其单位与 life 相同(该期间是指折旧所归属的期间);参数 factor 是可选项,代表折旧的加速因子,它的默认值是 2,代表双倍余额递减法,如果该参数取值为 3,代表 3 倍余额递减法。

本教材仅涉及双倍余额递减法,即参数 factor 设置为 2。

DDB 函数使用说明如图 3-16 所示。

	A	B
1	数据	说明
2	2400	资产原值
3	300	资产残值
4	10	使用寿命
	公式	说明（结果）
	=DDB(A2,A3,A4*12,1,2)	计算第一个月的折旧值 (40.00)
	=DDB(A2,A3,A4,1,2)	计算第一年的折旧值 (480.00)
	=DDB(A2,A3,A4,10)	计算第十年的折旧值，Microsoft Excel 自动将 factor 设置为 2 (22.12)

注释　结果将四舍五入到两位小数。

图 3-16　DDB 函数使用说明

三、任务实施

【实施内容】

如图 3-17 所示，远洋公司有一台设备，原值 120 000 元，预计使用年限 8 年，预计净残值 4 000 元。该设备按双倍余额法计算各年的折旧额。使用 DDB 函数和 SLN 函数计算远洋公司双倍余额递减法各期的折旧额。

	A	B	C	D
1	已知：			
2	固定资产原值：	120000		
3	预计残值：	4000		
4	预计使用年限：	8		
5	要求：			
6				
7				
8	年份	本年折旧	累计折旧	折余价值
9	0			
10	1			
11	2			
12	3			
13	4			
14	5			
15	6			
16	7			
17	8			

图 3-17　建立固定资产折旧计算表

【具体操作】

①选中 B10 单元格，选择“插入”菜单中的“函数”命令，在弹出的“插入函数”对话框中“选择类别”列表框里选择“财务”，在“选择函数”列表框里选择 DDB 函数，单击“确定”按钮。

②在弹出的“函数参数”对话框中，设置函数参数“Cost”为“$B$2”，“Salvage”为“$B$3”，“Life”为“$B$4”，“Period”为“A10”，“Factor”为“2”或者省略不填，单击“确定”按钮。

③选中 B10 单元格，将光标移动到 B10 单元格右下角，当光标变成黑色十字填充柄时，按住鼠标左键不放，拖动至 B15 单元格，此时，第一年到第六年每年应计提的折旧额就全部显示出来，如图 3-18 所示。

B10 =DDB($B$2, $B$3, $B$4, A10, 2)

	A	B	C	D
1	已知：			
2	固定资产原值：	120000		
3	预计残值：	4000		
4	预计使用年限：	8		
5	要求：			
6				
7				
8	年份	本年折旧	累计折旧	折余价值
9	0			
10	1	￥30,000.00		
11	2	￥22,500.00		
12	3	￥16,875.00		
13	4	￥12,656.25		
14	5	￥9,492.19		
15	6	￥7,119.14		
16	7			
17	8			

图 3-18 第一至六年每年的折旧额

④选中 C10 单元格，在编辑栏内输入“=”后，单击 B10 单元格，按 Enter 键确定，则 C10 单元格显示第一年的累计折旧，如图 3-19 所示。

C10 =B10

	A	B	C	D
1	已知：			
2	固定资产原值：	120000		
3	预计残值：	4000		
4	预计使用年限：	8		
5	要求：			
6				
7				
8	年份	本年折旧	累计折旧	折余价值
9	0			
10	1	￥30,000.00	￥30,000.00	
11	2	￥22,500.00		
12	3	￥16,875.00		
13	4	￥12,656.25		
14	5	￥9,492.19		
15	6	￥7,119.14		
16	7			
17	8			

图 3-19 第一年的累计折旧

⑤选中 C11 单元格，在编辑栏内输入“=C10+B11”，按 Enter 键确定，则 C11 单元格显示第二年的累计折旧，即累计至第二年计提的折旧总额，如图 3-20 所示。

C11　=C10+B11

	A	B	C	D
1	已知：			
2	固定资产原值：	120000		
3	预计残值：	4000		
4	预计使用年限：	8		
5	要求：			
6				
7				
8	年份	本年折旧	累计折旧	折余价值
9	0			
10	1	￥30,000.00	￥30,000.00	
11	2	￥22,500.00	￥52,500.00	
12	3	￥16,875.00		
13	4	￥12,656.25		
14	5	￥9,492.19		
15	6	￥7,119.14		
16	7			
17	8			

图 3-20　第二年的累计折旧

⑥利用自动填充方法，完成 C12：C15 单元格区域累计折旧的计算，该区域依次显示累计至第三、四、五、六年计提的折旧总额，如图 3-21 所示。

C11　=C10+B11

	A	B	C	D
1	已知：			
2	固定资产原值：	120000		
3	预计残值：	4000		
4	预计使用年限：	8		
5	要求：			
6				
7				
8	年份	本年折旧	累计折旧	折余价值
9	0			
10	1	￥30,000.00	￥30,000.00	
11	2	￥22,500.00	￥52,500.00	
12	3	￥16,875.00	￥69,375.00	
13	4	￥12,656.25	￥82,031.25	
14	5	￥9,492.19	￥91,523.44	
15	6	￥7,119.14	￥98,642.58	
16	7			
17	8			

图 3-21　第三至六年的累计折旧

⑦选中 D9 单元格，在编辑栏内输入“=”后，单击 B2 单元格，按 Enter 键确定，则 D9 单元格显示第一年年初的折余价值，如图 3-22 所示。

D9 =B2

	A	B	C	D
1	已知:			
2	固定资产原值:	120000		
3	预计残值:	4000		
4	预计使用年限:	8		
5	要求:			
6				
7				
8	年份	本年折旧	累计折旧	折余价值
9	0			￥120,000.00
10	1	￥30,000.00	￥30,000.00	
11	2	￥22,500.00	￥52,500.00	
12	3	￥16,875.00	￥69,375.00	
13	4	￥12,656.25	￥82,031.25	
14	5	￥9,492.19	￥91,523.44	
15	6	￥7,119.14	￥98,642.58	
16	7			
17	8			

图 3-22 第一年年初的折余价值

⑧选中 D10 单元格,在编辑栏内输入“=$D$9-C10”,按 Enter 键确定,则 D10 单元格显示第一年年末的折余价值,如图 3-23 所示。

D10 =$D$9-C10

	A	B	C	D
1	已知:			
2	固定资产原值:	120000		
3	预计残值:	4000		
4	预计使用年限:	8		
5	要求:			
6				
7				
8	年份	本年折旧	累计折旧	折余价值
9	0			￥120,000.00
10	1	￥30,000.00	￥30,000.00	￥90,000.00
11	2	￥22,500.00	￥52,500.00	
12	3	￥16,875.00	￥69,375.00	
13	4	￥12,656.25	￥82,031.25	
14	5	￥9,492.19	￥91,523.44	
15	6	￥7,119.14	￥98,642.58	
16	7			
17	8			

图 3-23 第一年年末的折余价值

⑨利用自动填充方法,完成 D11:D15 单元格区域折余价值的计算,该区域依次显示第二至六年每年年末的折余价值,如图 3-24 所示。

D10　=$D$9-C10

	A	B	C	D
1	已知：			
2	固定资产原值：	120000		
3	预计残值：	4000		
4	预计使用年限：	8		
5	要求：			
6				
7				
8	年份	本年折旧	累计折旧	折余价值
9	0			￥120,000.00
10	1	￥30,000.00	￥30,000.00	￥90,000.00
11	2	￥22,500.00	￥52,500.00	￥67,500.00
12	3	￥16,875.00	￥69,375.00	￥50,625.00
13	4	￥12,656.25	￥82,031.25	￥37,968.75
14	5	￥9,492.19	￥91,523.44	￥28,476.56
15	6	￥7,119.14	￥98,642.58	￥21,357.42
16	7			
17	8			

图 3-24　第二至六年各年年末的折余价值

⑩选中 B16 单元格，选择“插入”菜单中的“函数”命令，在弹出的“插入函数”对话框中“选择类别”列表框里选择“财务”，在“选择函数”列表框里选择 SLN 函数，单击“确定”按钮。

⑪ 在弹出的“函数参数”对话框中，设置函数参数“Cost”为“$D$15”，“Salvage”为“$B$3”，“Life”为“2”，单击“确定”按钮。

⑫ 利用自动填充方法，完成 B17 单元格区域本年折旧的计算，如图 3-25 所示。

B16　=SLN($D$15,$B$3,2)

	A	B	C	D
1	已知：			
2	固定资产原值：	120000		
3	预计残值：	4000		
4	预计使用年限：	8		
5	要求：			
6				
7				
8	年份	本年折旧	累计折旧	折余价值
9	0			￥120,000.00
10	1	￥30,000.00	￥30,000.00	￥90,000.00
11	2	￥22,500.00	￥52,500.00	￥67,500.00
12	3	￥16,875.00	￥69,375.00	￥50,625.00
13	4	￥12,656.25	￥82,031.25	￥37,968.75
14	5	￥9,492.19	￥91,523.44	￥28,476.56
15	6	￥7,119.14	￥98,642.58	￥21,357.42
16	7	￥8,678.71		
17	8	￥8,678.71		
18				

图 3-25　最后两年每年的折旧额

⑬ 利用自动填充方法，完成 C16:D17 单元格区域的计算，如图 3-26 所示。

C15 =C14+B15

	A	B	C	D
1	已知：			
2	固定资产原值：	120000		
3	预计残值：	4000		
4	预计使用年限：	8		
5	要求：			
6				
7				
8	年份	本年折旧	累计折旧	折余价值
9	0			￥120,000.00
10	1	￥30,000.00	￥30,000.00	￥90,000.00
11	2	￥22,500.00	￥52,500.00	￥67,500.00
12	3	￥16,875.00	￥69,375.00	￥50,625.00
13	4	￥12,656.25	￥82,031.25	￥37,968.75
14	5	￥9,492.19	￥91,523.44	￥28,476.56
15	6	￥7,119.14	￥98,642.58	￥21,357.42
16	7	￥8,678.71	￥107,321.29	￥12,678.71
17	8	￥8,678.71	￥116,000.00	￥4,000.00
18				

图 3-26 最后两年的累计折旧及年末折余价值

任务四 计算资金的未来值

一、任务概述

利用 FV 函数计算基于固定利率及等额分期付款方式的某项投资的未来值。

二、知识点介绍

1. 货币时间价值的概念

货币时间价值是指货币随着时间的推移而发生的增值，也称为资金时间价值。

从量的规定性来看，货币的时间价值是无风险和无通货膨胀下的社会平均资金利润率。在计量货币时间价值时，风险报酬和通货膨胀因素不应该包括在内。

货币的时间价值是货币经过一定时间的投资和再投资所增加的价值，它产生于社会资金的流通领域。

并不是所有货币都有时间价值，只有把货币作为资本投入生产经营过程，才能产生时间价值，产品销售以后得到的收入要大于原来投入的资金额，形成资金的增值，即时间价值是生产经营中产生的。

2. 货币时间价值的表现形式

相对数：在不考虑风险和通货膨胀条件下的社会平均资金利润率，即时间价值率。

绝对数：即时间价值额是资金在生产经营过程中带来的真实增值额，即一定数额的资金与时间价值率的乘积。

3. 货币时间价值的计算

首先介绍计算货币时间价值涉及的相关概念。

现值（P）：又称为本金，是指一个或多个发生在未来的现金流量相当于现在时刻的价值。

终值(F):又称为本利和,是指一个或多个现在或即将发生的现金流量相当于未来某一时刻的价值。

利率(i):又称贴现率或折现率,是指计算现值或终值时所采用的利息率或复利率。

期数(n):是指计算现值或终值时的期间数。

复利:复利不同于单利,它是指在一定期间按一定利率将本金所生利息加入本金再计利息,即"利滚利"。

1)单利的计算

本金在贷款期限中获得利息,不管时间多长,所生利息均不加入本金重复计算利息。

单利利息的计算

$$I = Pin$$

单利终值的计算

$$F = P + Pin = P(1+in)$$

单利现值的计算

$$P = F/(1+in)$$

其中,P 表示本金,又称期初额或现值;i 表示利率,通常指每年利息与本金之比;I 表示利息;F 表示本金与利息之和,又称本利和或终值;t 表示时间。

例:某企业有一张带息期票,面额为 1 200 元,票面利率为 4%,出票日期为 6 月 15 日,8 月 14 日到期(共 60 天),则到期时利息为 I=1 200×4%×60/360=8 元。

2)复利的计算

货币的时间价值通常按复利计算。每经过一个计息期,要将所生利息加入本金再计利息,逐期滚算,俗称"利滚利"。

3)复利终值的计算

复利终值是指一定量的本金按复利计算若干期后的本利和。

$$F=P(1+i)^n$$

例:现在存 1 万元,银行利率 8%,复利计算,5 年后的本利和是多少?

$$F=10\,000\times(1+8\%)^5=14\,690$$

$(1+i)_n$ 表示复利终值系数($F/P, i, n$),可查阅"复利终值系数表"取得 F=10 000×1.469=14 690 元。

4. FV 函数

在日常工作与生活中,经常会遇到要计算某项投资的未来值的情况,此时利用 Excel 函数 FV 进行计算,可以帮助我们进行一些有计划、有效益的投资。FV 函数基于固定利率及等额分期付款方式,返回某项投资的未来值。其格式如下:

FV(rate, nper, pmt, pv, type)

其中,参数 rate 为各期利率,是一固定值;参数 nper 为总投资(或贷款)期,即该项投资(或贷款)的付款期总数;参数 pmt 为各期所应付给(或得到)的金额,其数值在整个年金期间

（或投资期内）保持不变，通常 pmt 包括本金和利息，但不包括其他费用及税款，如果忽略 pmt，则必须包括 pv 参数；参数 pv 为现值，或一系列未来付款当前值的累积和，也称为本金，如果省略 pv，则假设其值为零，并且必须包括 pmt 参数；参数 type 为数字 0 或 1，用以指定各期的付款时间是在期初还是期末，如果省略 type，则假设其值为零（图 3-27）。

Type 值	支付时间
0 或省略	期末
1	期初

图 3-27 参数 type 值说明

说明：应确认所指定的 rate 和 nper 单位的一致性。例如，同样是四年期年利率为 12% 的贷款，如果按月支付，rate 应为 12%/12，nper 应为 4 × 12；如果按年支付，rate 应为 12%，nper 为 4。

在所有参数中，支出的款项，如银行存款，表示为负数；收入的款项，如股息收入，表示为正数。

FV 函数使用说明如图 3-28 所示。

	A	B
1	数据	说明
2	6%	年利率
3	10	付款期总数
4	-200	各期应付金额
5	-500	现值
6	1	各期的支付时间在期初（请参见上面的信息）
	公式	说明（结果）
	=FV(A2/12, A3, A4, A5, A6)	在上述条件下投资的未来值 (2581.40)

注释 年利率应除以 12，因为它是按月计复利而得的。

图 3-28 FV 函数使用说明

三、任务实施

【实施内容】

如图 3-29 所示，假如某人两年后需要一笔比较大的学习费用支出，计划从现在起每月初存入 2 000 元，如果按年利 2.25%，按月计息（月利为 2.25%/12）。使用 FV 函数计算两年后的存款额。

	A	B
1	年利率	2.25%
2	付款期总数（月）	24
3	每月初存入存款账户	-¥2,000.00
4	type值	1
5	两年后账户存款额	

图 3-29 建立未来值计算表

【具体操作】

①选中 B5 单元格,单击"公式"选项卡中"数据库"组里的"插入函数"按钮,在弹出的"插入函数"对话框中"选择类别"列表框里选择"财务",在"选择函数"列表框里选择 FV 函数,单击"确定"按钮。

②在弹出的"函数参数"对话框中,设置函数参数"Rate"为"B1/12","Nper"为"B2","Pmt"为"B3","Pv"省略或为"0","Type"为"B4",单击"确定"按钮。计算结果如图 3-30 所示。

	A	B
1	年利率	2.25%
2	付款期总数(月)	24
3	每月初存入存款账户	-¥2,000.00
4	type值	1
5	两年后账户存款额	¥49,141.34

图 3-30　两年后的存款额

任务五　计算资金的现值

一、任务概述

利用 PV 函数计算某项投资的现值。

二、知识点介绍

1. 复利现值

复利现值是复利终值的逆运算,它是指今后某一规定时间收到或付出的一笔款项,按贴现率 i 所计算的货币的现在价值。

$$P=\frac{F}{(1+i)^n}=F(1+i)^{-n}$$

例:要想 5 年后得到 10 万元,年利率 10%,现在应存入的本金是多少?

$$F=\frac{100\ 000}{(1+10\%)^5}=62\ 090$$

$(1+i)^{-n}$ 表示复利现值系数(P/F, i, n),可查阅"复利现值系数表"取得 P=100 000×0.620 9=62 090 元。

2. PV 函数

PV 函数用来计算某项投资的现值。年金现值就是未来各期年金现在的价值的总和。如果投资回收的当前价值大于投资的价值,则这项投资是有收益的。其格式如下:

PV(rate, nper, pmt, fv, type)

其中,参数 rate 为各期利率;参数 nper 为总投资(或贷款)期,即该项投资(或贷款)的付款期总数;参数 pmt 为各期所应支付的金额,其数值在整个年金期间保持不变,通常 pmt 包括本金和利息,但不包括其他费用及税款;参数 fv 为未来值,或在最后一次支付后希望得到的现金余额,如果省略 fv,则假设其值为零(一笔贷款的未来值即为零);参数 type 用以指定各期的付款时间是在期初还是期末。

PV 函数使用说明如图 3-31 所示。

	A	B
1	数据	说明
2	500	每月底一项保险年金的支出
3	8%	投资收益率
4	20	付款的年限
	公式	说明(结果)
	=PV(A3/12, 12*A4, A2, , 0)	在上述条件下年金的现值 (-59,777.15)。

图 3-31 PV 函数使用说明

结果为负值,因为这是一笔付款,亦即支出现金流。如果年金的购买成本是 60 000,则年金的现值 59 777.15 小于实际支付值。因此,这不是一项合算的投资。

注释:年利率除以 12 得到月利率,支付的年数乘以 12 得到支付次数。

三、任务实施

【实施内容】

如图 3-32 所示,假设要购买一项保险年金,该保险可以在今后二十年内于每月末回报 600 元。此项年金的购买成本为 80 000 元,假定投资回报率为 8%。使用 PV 函数计算该项年金的现值,并判断该项投资是否合理。

	A	B
1	每月底一项保险年金的支出	￥600.00
2	投资收益率	8.00%
3	付款的年限	240
4	type值	0
5	年金的现值	

图 3-32 建立年金现值计算表

【具体操作】

①选中 B5 单元格,选择“公式”选项卡中“数据库”组里的“插入函数”命令,在弹出的“插入函数”对话框中“选择类别”列表框里选择“财务”,在“选择函数”列表框里选择 PV 函数,单击“确定”按钮。

②在弹出的“函数参数”对话框中,设置函数参数“Rate”为“B2/12”,“Nper”为“B3”,“Pmt”为“B1”,“Fv”省略或为“0”,“Type”为“B4”,单击“确定”按钮。计算结果如图 3-33 所示。

	A	B
1	每月底一项保险年金的支出	￥600.00
2	投资收益率	8.00%
3	付款的年限	240
4	type值	0
5	年金的现值	￥-71,732.58

图 3-33 年金现值计算结果

负值表示这是一笔付款，也就是支出现金流。年金 -71 732.58 的现值小于实际支付的 80 000。因此，这不是一项划算的投资。

任务六　计算贷款分期偿还额

一、任务概述

利用 PMT 函数计算固定利率等额分期付款方式贷款的每期偿还额。

二、知识点介绍

1. 年金

年金是指在一定时期内每隔相同的时间发生相同数额的系列收付款项，如折旧、租金、利息、保险金等。

1）普通年金

普通年金，又称后付年金（A），是指一定时期内每期期末等额的系列收付款项。

（1）普通年金终值

普通年金终值犹如零存整取的本利和：

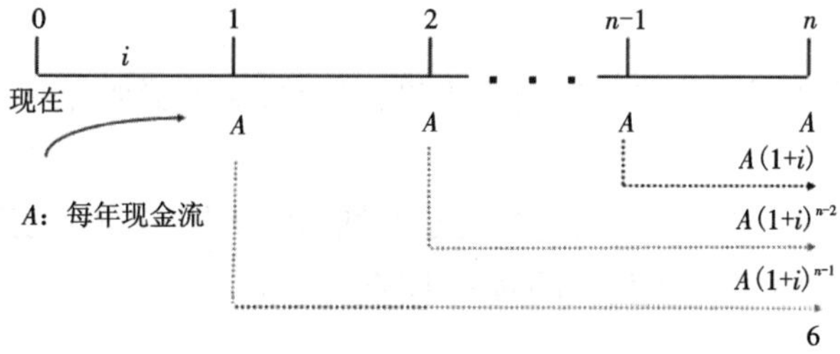

$$F_A = A + A(1+i) + A(1+i)^2 + \cdots + A(1+i)^{n-1} = A\frac{(1+i)^n - 1}{i}$$

$$F_A = A \times (F/A, i, n)$$

例：若每年年末存 1 万元，利率为 8%，5 年后的本利和是多少？

$$F_A = 10\,000\frac{(1+8\%)^5 - 1}{8\%} = 58\,666$$

若查阅年金终值系数表（F/A, 8%, 5），可得

$$F_A = 10\,000 \times 5.866\,6 = 58\,666$$

（2）普通年金现值

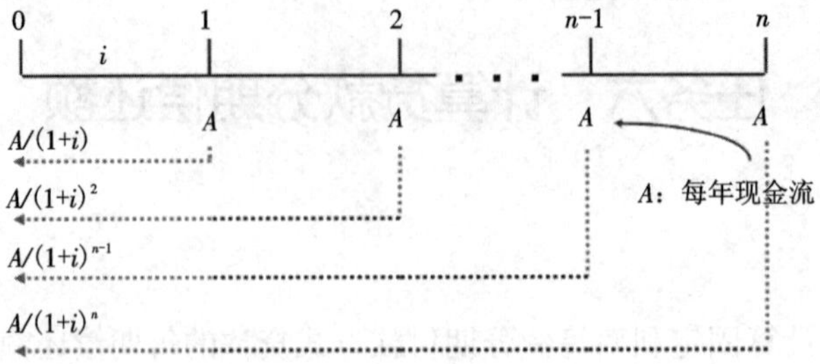

$$P_A = A/(1+i) + A/(1+i)^2 + \cdots + A/(1+i)^{n-1} + A/(1+i)^n$$

$$= A\frac{1-(1+i)^{-n}}{i}$$

$$P_A = A \times (P/A, i, n)$$

例：若某企业现在有一项投资选择——投资 15 000 元，对方承诺未来每年年末返还给企业 2 000 元，连续给 10 年，企业是否该进行这项投资？假设社会平均回报率为 8%。

$$P_A = 2\ 000 \times \frac{1-(1+8\%)^{-10}}{8\%} = 13\ 420$$

若查阅年金现值系数表（P/A，8%，10），可得

$$P_A = 2\ 000 \times 6.710 = 13\ 420 < 15\ 000$$

所以选择不投资。

意义：使不同时点上的资金在同一时点上进行比较，决策更加合理。

2）预付年金

预付年金又称为先付年金（A'），是指一定时期内每期期初等额的系列收付款项。预付年金与普通年金的差别仅在于收付款的时间不同。

（1）预付年金终值

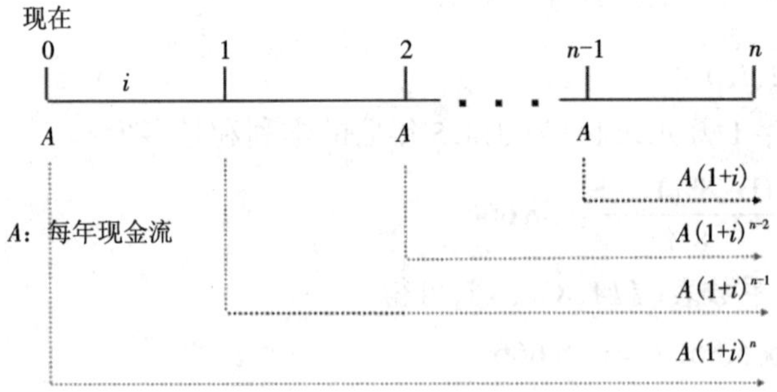

$$F_A = A(1+i) + A(1+i)^2 + \cdots + A(1+i)^{n-1} + A(1+i)^n$$

$$= A\left[\frac{(1+i)^{n+1}-1}{i} - 1\right]$$

预付年金终值系数和普通年金终值系数的关系：期数 +1，系数 -1。

例：若每年年初存 1 万元，利率为 8%，5 年后的本利和是多少？

$$F_A = 10\ 000 \times \left[\frac{(1+8\%)^{5+1}-1}{8\%}-1\right] = 63\ 359$$

若查阅年金终值系数表(F/A,8%,5),可得

F_A=10 000×6.335 9=63 359

(2)预付年金现值

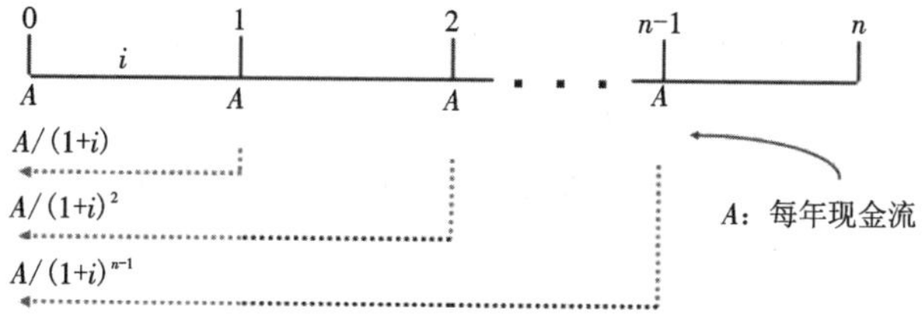

$$P_A = A + A/(1+i) + A/(1+i)^2 + \cdots + A/(1+i)^{n-1}$$
$$= A\left[\frac{1-\ (1+i)^{-(n-1)}}{i}+1\right]$$

预付年金现值系数和普通年金现值系数的关系:期数 −1,系数 +1。

例:若某企业年初准备改进工艺引入一台新设备,公司有两种选择:直接购买和融资租赁,直接购买需要马上支付现金 13 000 元,租赁则需要每年年初支付 2 000 元,连续租赁 10 年,企业应如何选择?假设社会平均回报率为 8%。

$$P_A = 2\ 000 \times \left[\frac{1-(1+8\%)^{-(10-1)}}{8\%}+1\right] = 14\ 494$$

若查阅年金现值系数表,期数 −1,系数 +1 可得

P=2 000×7.246 9=14 494

所以选择购买。

3)递延年金

递延年金又称延期年金(A'')是指第一次收付款发生在第二期,或第三期,或第四期,……的等额的系列收付款项。

(1)递延年金终值

递延年金终值的大小与递延期数无关,与普通年金终值的计算方法相同。

$F_A=A\times(F/A,i,n)$

(2)递延年金现值

递延年金现值在计算普通年金现值后还要进行复利贴现。

$P_A=A\times(P/A,i,n)\times(P/F,i,m)$

(3)永续年金

永续年金是指无限期支付的年金,永续年金没有终止的时间,即没有终值。

永续年金现值可以通过普通年金现值的计算公式导出:

$$P_A = A\frac{1-(1+i)^{-n}}{i}$$

当 $n\to\infty$ 时，$(1+i)^{-n}\to 0$，因此

$$P_A = A / I$$

例：某生物学会欲建立专项奖励基金，每年打算拿出 1.6 万元作为奖金，若存款利率为 8%，该学会应存入多少元的基本基金？

$P_A=A/I=16\,000/8\%=200\,000$（元）

2. PMT 函数

PMT 函数基于固定利率及等额分期付款方式，返回投资或贷款的每期付款额。PMT 函数可以计算为偿还一笔贷款，要求在一定周期内支付完时，每次需要支付的偿还额，也就是我们平时所说的"分期付款"。比如借购房贷款或其他贷款时，可以计算每期的偿还额。其格式如下：

PMT(rate, nper, pv, fv, type)

有关函数 PMT 中参数的详细说明，请参阅函数 PV。

其中参数 pv 为现值，或一系列未来付款的当前值的累积和，也称为本金。

PMT 函数使用说明如图 3-34 所示。

	A	B
1	数据	说明
2	8%	年利率
3	10	支付的月份数
4	10000	贷款额
	公式	说明（结果）
	=PMT(A2/12, A3, A4)	在上述条件下贷款的月支付额 (-1,037.03)

图 3-34 PMT 函数使用说明

三、任务实施

【实施内容】

如图 3-35 所示，金立公司取得银行贷款 10 000 元，年利率为 6%，期限 3 年，若半年计息一次，则每半年末应缴款金额为多少？3 年后应归还的本利和为多少？使用 PMT 函数计算。

	A	B
1	年利率：	6%
2	贷款金额：	￥10,000.00
3	贷款期限：	3
4	每半年末缴款金额：	
5	三年到期总缴款金额：	

图 3-35 建立计算表

【具体操作】

①选中 B4 单元格，单击"公式"选项卡中"数据库"组里的"插入函数"按钮，在弹出的"插入函数"对话框中"选择类别"列表框里选择"财务"，在"选择函数"列表框里选择 PMT 函数，单击"确定"按钮。

②在弹出的“函数参数”对话框中，设置函数参数“Rate”为“B1/2”，“Nper”为“B3*2”，“Pv”为“B2”，“Fv”省略或为“0”，“Type”省略或为“0”，单击“确定”按钮。

③选中 B5 单元格，选择“插入”菜单中的“函数”命令，在弹出的“插入函数”对话框中“选择类别”列表框里选择“财务”，在“选择函数”列表框里选择 FV 函数，单击“确定”按钮。

④在弹出的“函数参数”对话框中，设置函数参数“Rate”为“B1/2”，“Nper”为“B3*2”，“Pmt”为“B4”，“Pv”省略或为“0”，“Type”省略或为“0”，单击“确定”按钮。计算结果如图 3-36 所示。

	A	B
1	年利率：	6%
2	贷款金额：	￥10,000.00
3	贷款期限：	3
4	每半年末缴款金额：	-￥1,845.98
5	三年到期总缴款金额：	￥11,940.52

图 3-36　每期末缴款额及到期本利和

任务七　计算投资项目的内含报酬率

一、任务概述

利用 IRR 函数计算某服装店的内含报酬率。

二、知识点介绍

1. 内含报酬率

所谓内含报酬率，也被称为内部收益率，是指能够使未来现金流入现值等于未来现金流出现值的贴现率，或者说是使投资方案净现值为零的贴现率。内含报酬率法是根据方案本身内含报酬率来评价方案优劣的一种方法。内含报酬率大于资金成本率则方案可行，且内含报酬率越高方案越优。

内插法计算内含报酬率公式：

$$IRR=r1+[(r2-r1)/(|b|+|c|)]\times|b|$$

其中，IRR 为内涵报酬率；$r1$ 为低贴现率；$r2$ 为高贴现率；$|b|$ 为低贴现率时的财务净现值绝对值；$|c|$ 为高贴现率时的财务净现值绝对值。

b、c、$r1$、$r2$ 应选择在财务报表中符号相反且最邻近的两个。

例：某企业购入价值 24 000 元的机器设备一台，可使用年限为 5 年，每年销售收入 48 000 元，总成本 42 800 元。求内含报酬率。

解：每年的 NCF=48 000−42 800+24 000/5=10 000（元）

$(P/A,IRR,5)=24\,000/10\,000=2.4$

查表得知 2.4 在 $(P/A,28\%,5)=2.532\,0$ 与 $(P/A,32\%,5)=2.345\,2$ 之间

IRR=28%+（32%−28%）×（2.532 0−2.4）/（|2.532 0−2.4|+|2.4−2.345 2|）=30.83%

内含报酬率可按下述步骤进行计算。

第一步：计算年金现值系数。

年金现值系数 = 初始投资额 / 每年净现金流量

第二步：查年金现值系数表，在相同的期数内，找出与上述年金现值系数相邻近的较大和较小的两个折现率。

第三步：根据上述两个邻近的折现率和已求得的年金现值系数，采用内插法计算出该投资项目的内含报酬率。

注意事项如下。

内含报酬率的计算，通常需要“逐步测试法”。首先估计一个贴现率，用它来计算方案的净现值；如果净现值为正数，说明方案本身的报酬率超过估计贴现率，应提高贴现率后进一步测试；如果净现值为负数，说明方案本身的报酬率低于估计的贴现率，应降低贴现率后进一步测试。经过多次测试，寻找出使净现值接近于零的贴现值，即为方案本身的内含报酬率。如果对测试结果的精确度不满意，可以使用“内插法”来改善。公式如下：

内含报酬率 = 低贴现率 +（按低贴现率计算的正的净现值 / 两个贴现率计算的净现值之差）× 高低两个贴现率之差

2. IRR 函数

IRR 函数返回由数值代表的一组现金流的内部收益率。这些现金流不必为均衡的，但作为年金，它们必须按固定的间隔产生，如按月或按年。内部收益率为投资的回收利率，其中包含定期支付（负值）和定期收入（正值）。其格式如下：

IRR（values，guess）

其中，参数 values 为数组或单元格的引用，包含用来计算返回的内部收益率的数字。Values 必须包含至少一个正值和一个负值，以计算返回的内部收益率。函数 IRR 根据数值的顺序来解释现金流的顺序。故应确定按需要的顺序输入了支付和收入的数值。如果数组或引用包含文本、逻辑值或空白单元格，这些数值将被忽略。参数 guess 为对函数 IRR 计算结果的估计值。

Microsoft Excel 使用迭代法计算函数 IRR。从 guess 开始，函数 IRR 进行循环计算，直至结果的精度达到 0.000 01%。如果函数 IRR 经过 20 次迭代，仍未找到结果，则返回错误值 #NUM!。在大多数情况下，并不需要为函数 IRR 的计算提供 guess 值。如果省略 guess，假设它为 0.1（10%）。如果函数 IRR 返回错误值 #NUM!，或结果没有靠近期望值，可用另一个 guess 值再试一次。

IRR 函数使用说明如图 3-37 所示。

A	B
数据	说明
-70,000	某项业务的初期成本费用
12,000	第一年的净收入
15,000	第二年的净收入
18,000	第三年的净收入
21,000	第四年的净收入
26,000	第五年的净收入
公式	说明（结果）
=IRR(A2:A6)	投资四年后的内部收益率 (-2%)
=IRR(A2:A7)	五年后的内部收益率 (9%)
=IRR(A2:A4,-10%)	若要计算两年后的内部收益率，需包含一个估计值 (-44%)

图 3-37　IRR 函数使用说明

三、任务实施

【实施内容】

如图 3-38 所示，如果要开办一家服装商店，预计投资为 110 000 元，今后五年的预期净收益为 15 000 元、21 000 元、28 000 元、36 000 元和 45 000 元。使用 IRR 函数，分别求出投资两年、四年以及五年后的内含报酬率。

	A	B
1	投资	-￥110,000.00
2	预期第一年净收益	￥15,000.00
3	预期第二年净收益	￥21,000.00
4	预期第三年净收益	￥28,000.00
5	预期第四年净收益	￥36,000.00
6	预期第五年净收益	￥45,000.00
7	二年后的内含报酬率	
8	四年后的内含报酬率	
9	五年后的内含报酬率	

图 3-38　建立内含报酬率计算表

【具体操作】

①选中 B9 单元格，单击“公式”选项卡中“数据库”组里的“插入函数”按钮，在弹出的“插入函数”对话框中“选择类别”列表框里选择“财务”，在“选择函数”列表框里选择 IRR 函数，单击“确定”按钮。

②在弹出的“函数参数”对话框中，设置函数参数“Values”为 B1: B6，“Guess”省略，单击“确定”按钮，如图 3-39 所示。

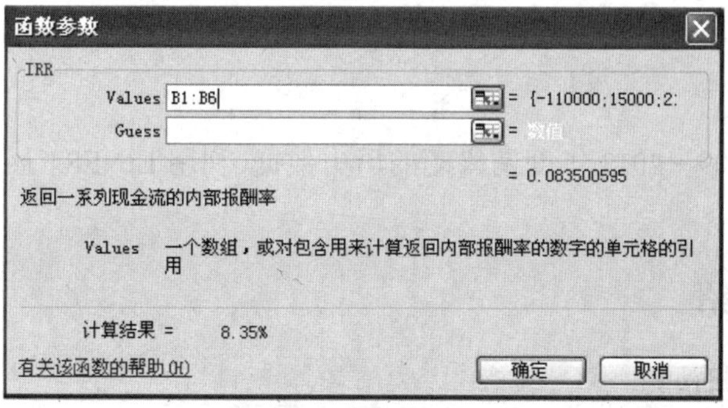

图 3-39　“函数参数”对话框

③选中 B8 单元格，单击“公式”选项卡中“数据库”组里的“插入函数”按钮，在弹出的“插入函数”对话框中“选择类别”列表框里选择“财务”，在“选择函数”列表框里选择 IRR 函数，单击“确定”按钮。

④在弹出的“函数参数”对话框中，设置函数参数“Values”为“B1：B5”，“Guess”省略，单击“确定”按钮，计算结果如图 3-40 所示。

	A	B
1	投资	-￥110,000.00
2	预期第一年净收益	￥15,000.00
3	预期第二年净收益	￥21,000.00
4	预期第三年净收益	￥28,000.00
5	预期第四年净收益	￥36,000.00
6	预期第五年净收益	￥45,000.00
7	二年后的内含报酬率	
8	四年后的内含报酬率	-3.27%
9	五年后的内含报酬率	8.35%

图 3-40 四年后和五年后内含报酬率

⑤选中 B7 单元格，单击“公式”选项卡中“数据库”组里的“插入函数”按钮，在弹出的“插入函数”对话框中“选择类别”列表框里选择“财务”，在“选择函数”列表框里选择 IRR 函数，单击“确定”按钮。

⑥在弹出的“函数参数”对话框中，设置函数参数“Values”为“B1：B3”，“Guess”为“-10%”，单击“确定”按钮，计算结果如图 3-41 所示。

	A	B
1	投资	-￥110,000.00
2	预期第一年净收益	￥15,000.00
3	预期第二年净收益	￥21,000.00
4	预期第三年净收益	￥28,000.00
5	预期第四年净收益	￥36,000.00
6	预期第五年净收益	￥45,000.00
7	二年后的内含报酬率	-48.96%
8	四年后的内含报酬率	-3.27%
9	五年后的内含报酬率	8.35%

图 3-41 两年后的内含报酬率

任务八 销售趋势线性预测

一、任务概述

根据某公司 2009—2013 年度销售额的历史数据，利用 LINEST 函数预测其 2014 年度的销售额。

二、知识点介绍

1. 一元线性回归预测

一元线性回归预测，是指成对的两个变量数据的散点图呈现出直线趋势时，采用最小二乘法,找到两者之间的经验公式,即一元线性回归预测模型。根据自变量的变化,来估计因变量变化的预测方法。

一元线性回归分析预测法,是根据自变量 x 和因变量 y 的相关关系,建立 x 与 y 的线性回归方程进行预测的方法。

2. LINEST 函数

该函数的作用是,使用最小二乘法对已知数据进行最佳直线拟合,并返回描述此直线的系数数组。其格式如下:

LINEST(known_y's, known_x's, const, stats)

其中,参数 known_y's 为关系表达式 $y = mx + b$ 中已知的 y 值集合。参数 known_x's 为关系表达式 $y = mx + b$ 中已知的可选 x 值集合。参数 const 为一逻辑值,用于指定是否将常量 b 强制设为 0。如果 const 为 TRUE 或省略, b 将按正常计算;如果 const 为 FALSE, b 将被设为 0,并同时调整 m 值使 $y = mx$。参数 stats 为一逻辑值,指定是否返回附加回归统计值。如果 stats 为 TRUE,则 LINEST 函数返回附加回归统计值,这时返回的数组为 {mn, mn-1,...,m1,b; sen,sen-1,...,se1,seb; r2,sey; F,df; ssreg,ssresid};如果 stats 为 FALSE 或省略, LINEST 函数只返回系数 m 和常量 b。

可以使用斜率 m 和 Y 轴截距 b 描述任何直线,直线的公式为 $y = mx + b$。如果知道了 m 和 b 的值,将 y 或 x 的值代入公式就可以计算出直线上的任意一点。

当只有一个自变量 x 时,可直接利用下面的公式得到斜率 m 和 y 轴截距 b。

斜率 m:

m=INDEX(LINEST(known_y's,known_x's),1)

y 轴截距 b:

b=INDEX(LINEST(known_y's,known_x's),2)

例:求斜率 m 和 y 轴截距 b(图 3-42)。

	A	B
1	已知 y	已知 x
2	1	0
3	9	4
4	5	2
5	7	3
	公式	公式
	=LINEST(A2:A5,B2:B5,,FALSE)	

图 3-42　LINEST 函数使用说明 1

注释:如果公式不是以数组公式输入,则返回单个结果值 2。当以数组输入时,将返回斜率 2 和 y 轴截距 1。

例:一元线性回归(图 3-43)。

	A	B
1	月	销售
2	1	3100
3	2	4500
4	3	4400
5	4	5400
6	5	7500
7	6	8100
	公式	说明（结果）
	=SUM(LINEST(B2:B7, A2:A7)*{9,1})	估算第 9 个月的销售值 (11000)

图 3-43　LINEST 函数使用说明 2

通常，SUM({m,b}*{x,1})等于 $mx+b$，即给定 x 值的 y 的估计值。

三、任务实施

【实施内容】

如图 3-44 所示，已知某公司 2009—2013 年 5 个年度的销售额，要求采用 LINEST 函数预测该公司 2014 年度的销售额。

	A	B	C	D	E	F
1	年份	2009	2010	2011	2012	2013
2	销售额	600000	620000	630000	660000	680000
3						
4	趋势预测方程：y=ax+b（其中y代表销售额，x代表年份）					
5	a=					
6	b=					
7	R^2=					
8	利用此方程预测2014年销售额为：					

图 3-44　建立销售额预测分析表

【具体操作】

①选中 B5 单元格，在公式编辑栏输入“=INDEX(LINEST(B2: F2, B1: F1), 1)”，单击“确定”按钮，求得结果为 20 000，如图 3-45 所示。

B5　fx　=INDEX(LINEST(B2:F2,B1:F1),1)

	A	B	C	D
1	年份	2009	2010	2011
2	销售额	600000	620000	630000
3				
4	趋势预测方程：y=ax+b（其中y代表销售额，x代表年份）			
5	a=	20000		
6	b=			
7	R^2=			

图 3-45　趋势预测方程斜率 *a* 的值

②选中 B6 单元格，在公式编辑栏输入“=INDEX(LINEST(B2: F2, B1: F1), 2)”，单击“确定”按钮，求得结果为 -39 582 000，如图 3-46 所示。（此步骤得出趋势预测方程 $y=20\,000x-39\,582\,000$）

B6　=INDEX(LINEST(B2:F2,B1:F1),2)

	A	B	C	D
1	年份	2009	2010	2011
2	销售额	600000	620000	630000
3				
4	趋势预测方程：y=ax+b（其中y代表销售额，x代表年份）			
5	a=	20000		
6	b=	-39582000		
7	R^2=			
8	利用此方程预测2014年销售额为：			

图 3-46　趋势预测方程截距 *b* 的值

③选中 B7 单元格，在公式编辑栏输入“=RSQ(B2: F2, B1: F1)”，单击“确定”按钮，求得结果为 0.980 392 157，非常接近 1，表明该公司销售额与年份线性相关，如图 3-47 所示。

B7　=RSQ(B2:F2,B1:F1)

	A	B	C	D
1	年份	2009	2010	2011
2	销售额	600000	620000	630000
3				
4	趋势预测方程：y=ax+b（其中y代表销售额，x代表年份）			
5	a=	20000		
6	b=	-39582000		
7	R^2=	0.980392157		
8	利用此方程预测2014年销售额为：			

图 3-47　检验线性相关性

④选中 B8 单元格，在公式编辑栏输入“=SUM(LINEST(B2: F2,B1: F1)*{2014,1})”，单击“确定”按钮，求得结果为 698 000，如图 3-48 所示。（此步骤 SUM 函数值等于 20 000 × 2 014−39 582 000，即给定 *x* 值(*x*=2 014)的 *y* 的估计值(*y*=698 000)）。

B8　=SUM(LINEST(B2:F2,B1:F1)*{2014,1})

	A	B	C	D
1	年份	2009	2010	2011
2	销售额	600000	620000	630000
3				
4	趋势预测方程：y=ax+b（其中y代表销售额，x代表年份）			
5	a=	20000		
6	b=	-39582000		
7	R^2=	0.980392157		
8	利用此方程预测2014年销售额为：	698000		

图 3-48　预测目标年份的销售额

项目四　数据模拟分析工具

Excel 在会计电算化中还可以用来进行数据的分析和预测,完成许多复杂的数据计算,帮助使用者做出更加有根据的推断和决策。

1. 知识点、技能点

①单变量模拟运算表。

②双变量模拟运算表。

③单变量求解。

④方案管理器。

2. 教学目标

学习并掌握单、双变量模拟运算表的创建、编辑和清除,熟练运用单变量求解和方案管理器解决相关财务问题。

任务一　模拟运算表的应用

一、任务概述

运用模拟运算表计算个人向银行进行房屋贷款的情况。

二、知识点介绍

在工作表中输入公式后,就可以进行假设性分析,查看当改变公式中的某值时怎样影响其结果,模拟运算表提供了一个操作所有变化的捷径。

我们说,模拟运算表是一个单元格区域,它可显示一个或多个公式中替换不同值时的结果。模拟运算表有两种类型,分别是:单变量模拟运算表和双变量模拟运算表。到底是创建单变量模拟运算表还是双变量模拟运算表,主要取决于需要测试的变量和公式数。

1. 单变量模拟运算表

单变量模拟运算表中,用户可以对一个变量输入不同的值从而查看它对一个或多个公式的影响。

例如,一个梯形上底为 10,下底为 12,高为 4,求梯形面积。

分别在 A2、B2、C2 单元格中输入上底、下底和高的数值,在 F2 单元格中输入梯形公式,令 C2 单元格为可变单元格,如图 4-1 所示。

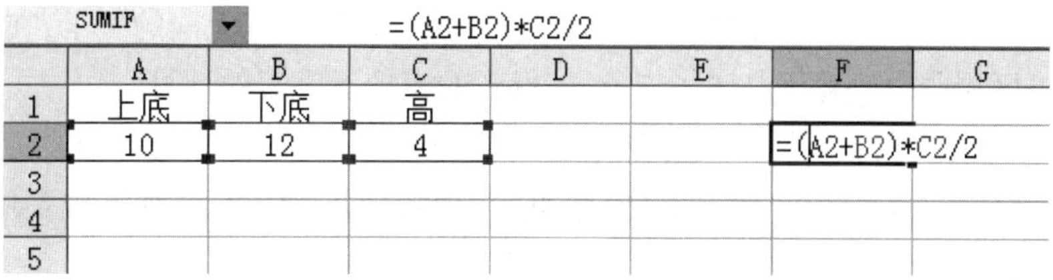

图 4-1　单变量模拟运算表

1）创建单变量模拟运算表

单变量模拟运算表的输入值被排列在一列（列方向）或一行（行方向）中。单变量模拟运算表中使用的公式必须仅引用一个输入单元格。

（1）面向列的模拟运算表

根据上面的例子，在 E3、E4、E5、E6、E7 单元格区域中分别输入 3、5、6、7、8，这些序列是用来替换 C2 单元格当前取值的序列，我们称它为输入值序列。

①选定包含公式和输入值序列的单元格区域 E2:F7。

②单击“数据”选项卡中“数据工具”组里的“模拟分析”按钮，在其下拉菜单中选择“模拟运算表”命令。

③在弹出的“模拟运算表”对话框中，设置“输入引用列的单元格”为“ C 2”，如图 4-2 所示。

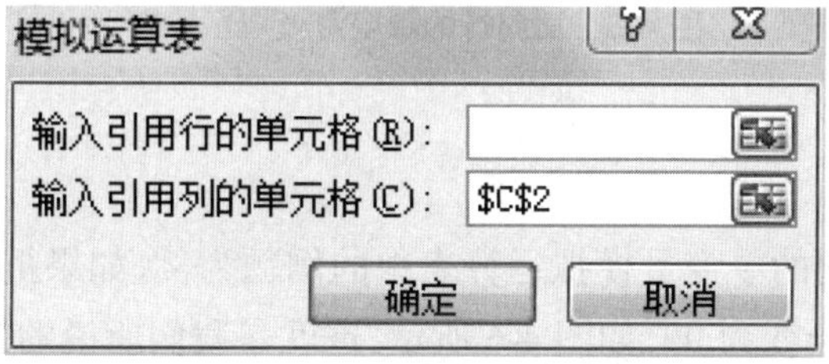

图 4-2　“模拟运算表”对话框

④单击“确定”按钮，则根据每一个输入值计算公式结果，如图 4-3 所示。

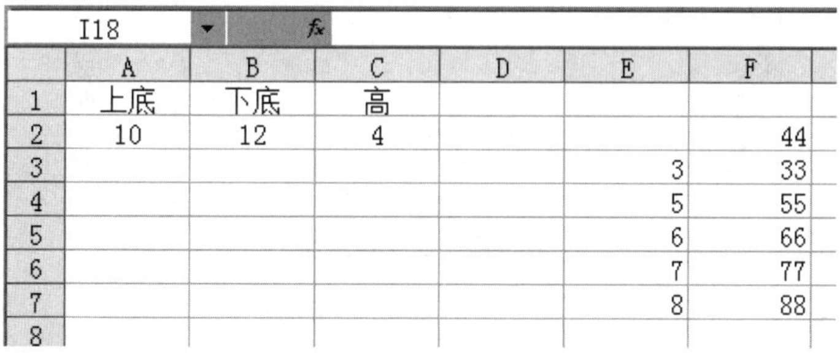

图 4-3　面向列的单变量模拟运算表

（2）面向行的模拟运算表

单变量模拟运算表的输入值可以排成一列，也可以排成一行，假如排成一行，就把输入值放在包含公式的单元格上方，并且从右侧一列开始。仍旧根据上面的例子，在 G1、H1、I1、J1、K1 单元格区域中分别输入 3、5、6、7、8，进行新的模拟运算表的计算。

①选定包含公式和输入值序列的单元格区域 F1:K2。

②单击“数据”选项卡中“数据工具”组里的“模拟分析”按钮，在其下拉菜单中选择“模拟运算表”命令。

③在弹出的“模拟运算表”对话框中，设置“输入引用行的单元格”为“ C 2”，如图 4-4 所示。

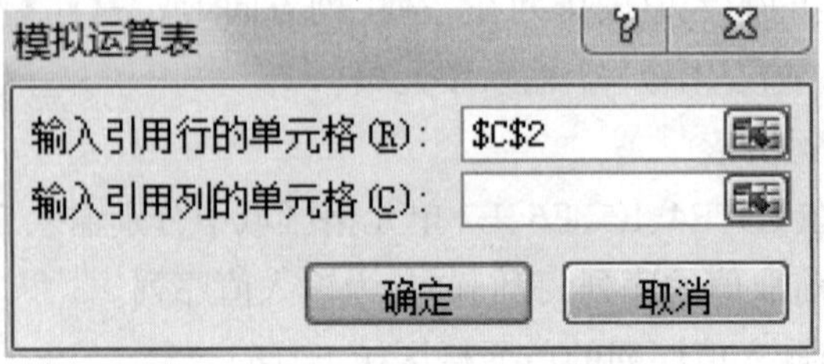

图 4-4 “模拟运算表”对话框

④单击“确定”按钮，则根据每一个输入值计算公式结果，如图 4-5 所示。

	A	B	C	D	E	F	G	H	I	J	K
1	上底	下底	高				3	5	6	7	8
2	10	12	4			44	33	55	66	77	88

图 4-5 面向行的单变量模拟运算表

2）查看输入值变化所引起的结果

（1）自动重算

以刚提到的面向列的单变量模拟运算表中的例题为例，如果把 E7 单元格中数值 8 变为 9，则对应的结果也会变为 99，如图 4-6 所示，这就是我们所说的模拟运算表的自动重算功能。

	A	B	C	D	E	F
1	上底	下底	高			
2	10	12	4			44
3					3	33
4					5	55
5					6	66
6					7	77
7					9	99
8						

图 4-6 改变输入值

（2）手动重算

除了自动重算以外，模拟运算表还具有手动重算的功能，还以刚才那道题为例，如果单击“公式”选项卡中“计算”组里的“计算选项”按钮，在其下拉菜单中选择“手动”命令，如图 4-7 所示。

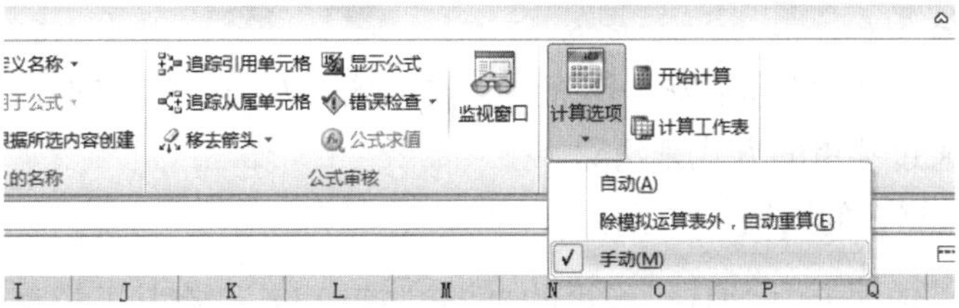

图 4-7　设置“手动重算”

这时，若在 E7 单元格中输入数值 9，它所对应的 F7 单元格中的显示结果的数值不会发生改变，只有当按 F9 键时，才会重新计算。

（3）除模拟运算表外，自动计算

模拟运算表的第三种重新计算方式就是除模拟运算表外，自动计算。

选择“公式”选项卡中“计算”组里“计算选项”按钮，在其下拉菜单中选择“除模拟运算表外，自动计算”命令，如图 4-8 所示。

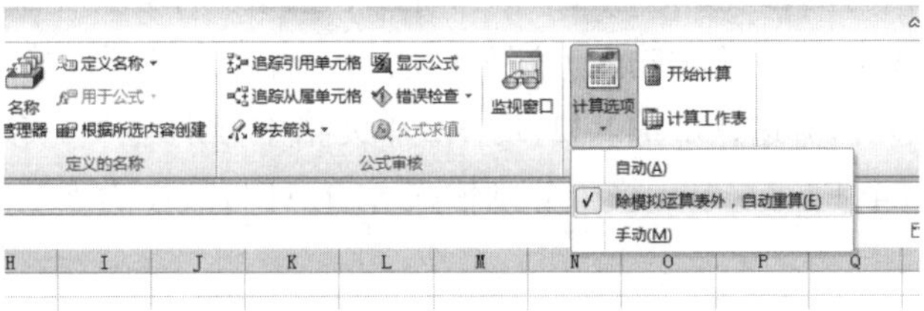

图 4-8　设置“除模拟运算表外，自动重算”

以梯形面积的例题为例，把 A2 单元格中的上底数值改为 15，它们所对应的面积公式中 F2 单元格的数值也发生相应改变，变为 54。但是对应的模拟运算表中的数值并没有任何变化，如图 4-9 所示。只有当我们按 F9 键后，模拟运算表中的数值才会发生相应改变，如图 4-10 所示。

	A	B	C	D	E	F
1	上底	下底	高			
2	15	12	4			54
3					3	33
4					5	55
5					6	66
6					7	77
7					9	99

图 4-9　改变上底数值

	A	B	C	D	E	F
1	上底	下底	高			
2	15	12	4			54
3					3	40.5
4					5	67.5
5					6	81
6					7	94.5
7					9	121.5

图 4-10　按 F9 键后模拟运算表自动重算

3）清除模拟运算表

清除模拟运算表的方法和清除工作表中其他区域的方法是相同的，有以下两种。

方法 1：可以通过菜单的方式来清除。

①选中模拟运算表的区域。

②单击“开始”选项卡中“编辑”组里的“清除”按钮，在其下拉菜单中选择“全部清除”命令，即可清除模拟运算表。

方法 2：通过键盘的方式清除。

①选中模拟运算表的区域。

②按 Delete 键，清除模拟运算表。

2. 双变量模拟运算表

双变量模拟运算表中，用户对两个变量输入不同的值，而查看它对一个公式的影响。

1）创建双变量模拟运算表

仍然以梯形面积为例，这次确定两个输入样本，它们分别是上底 A2 单元格和下底 B2 单元格，要求一次计算出使用两种输入值序列以后每一种组合情况的梯形面积。

①在公式 F2 单元格旁边，G2、H2、I2、J2、K2 单元格中分别输入 4、5、6、7、9，作为上底的输入值序列，在 F3、F4、F5、F6 单元格中分别输入 8、9、11、12，作为下底的输入值序列，如图 4-11 所示。

	A	B	C	D	E	F	G	H	I	J	K
1	上底	下底	高								
2	10	12	4			44	4	5	6	7	9
3						8					
4						9					
5						11					
6						12					

图 4-11　创建双变量模拟运算表

②选定包含公式和两组输入值序列的单元格区域 F2:K6。

③单击“数据”选项卡中“数据工具”组里的“模拟分析”按钮，在其下拉菜单中选择“模拟运算表”命令。

④在弹出的“模拟运算表”对话框中，设置“输入引用行的单元格”为“$A$2”，“输入引用列的单元格”为“$B$2”，如图 4-12 所示。

图 4-12　创建双变量模拟运算表

⑤单击“确定”按钮后，双变量模拟运算表就显示出来了，它反映了输入值序列的每一

种组合情况，如图 4-13 所示。

	A	B	C	D	E	F	G	H	I	J	K
1	上底	下底	高								
2	10	12	4			44	4	5	6	7	9
3						8	24	26	28	30	34
4						9	26	28	30	32	36
5						11	30	32	34	36	40
6						12	32	34	36	38	42

图 4-13 “模拟运算表”对话框

2）清除模拟运算表的计算结果

模拟运算表中的计算结果是存放在存储器的一个数组当中的，所以要清除就只能清除全部的结果，而不能只清除个别计算结果，如果要清除个别计算结果系统就会弹出一个对话框，提醒这种操作是错误的。

清除模拟运算表中的计算结果的具体操作是：选中模拟运算表的计算区域 G3：K6 单元格区域后，可以通过选择“编辑”菜单“清除”子菜单中的“全部”命令清除，或者按 Delete 键进行清除。

三、任务实施

【实施内容】

如图 4-14 所示，假设某人房屋贷款总额为 150 000 元，贷款年利率是 6.1%，贷款年限是 20 年，若贷款利率从 6.5% 变化到 7.2%，则每年还款额是多少？ 如果在贷款利率变化的基础之上，贷款年限从 10 年变为 25 年，则每年对应的年还款额又是多少？

	A	B
1		
2	贷款额	150000
3	年利率	6.10%
4	贷款年限	20

图 4-14 个人房屋贷款

【具体操作】

①在 A8：A15 单元格区域输入年利率，分别为 6.5%、6.6%、6.7%、6.8%、6.9%、7.0%、7.1%、7.2%。

②利用 PMT 函数，在 B7 单元格中输入“=PMT(B3,B4,B2)”，如图 4-15 所示。

B7 =PMT(B3,B4,B2)

	A	B	C
1			
2	贷款额	150000	
3	年利率	6.10%	
4	贷款年限	20	
5			
6	贷款利率	年支付额	
7		¥13,184	
8	6.5%		
9	6.6%		
10	6.7%		
11	6.8%		
12	6.9%		
13	7.0%		
14	7.1%		
15	7.2%		

图 4-15　输入目标函数 PMT

③选定 A7：B15 单元格区域，单击“数据”选项卡中“数据工具”组里的“模拟分析”按钮，在其下拉菜单中选择“模拟运算表”命令，在弹出的“模拟运算表”对话框中，设置“输入引用列的单元格”为“$B$3”，单击“确定”按钮，则在不同利率下每年支付额就显示出来了，如图 4-16 所示。

	A	B
1		
2	贷款额	150000
3	年利率	6.10%
4	贷款年限	20
5		
6	贷款利率	年支付额
7		¥13,184
8	6.5%	¥13,613
9	6.6%	¥13,722
10	6.7%	¥13,831
11	6.8%	¥13,940
12	6.9%	¥14,049
13	7.0%	¥14,159
14	7.1%	¥14,269
15	7.2%	¥14,380

图 4-16　不同利率下每年的支付额

④在 B7:F7 单元格区域中输入各种还款年限，如图 4-17 所示。

	A	B	C	D	E	F
1						
2	贷款额	150000				
3	年利率	6.10%				
4	贷款年限	20				
5						
6	年利率\贷款年限					
7		10	12	18	20	25
8	6.5%					
9	6.6%					
10	6.7%					
11	6.8%					
12	6.9%					
13	7.0%					
14	7.1%					
15	7.2%					

图 4-17　输入年利率和贷款年限

⑤利用 PMT 函数，在年利率和贷款年限交叉的 A7 单元格的位置输入“=PMT(B3，B4，B2)”，如图 4-18 所示。

	A	B	C	D	E	F
1						
2	贷款额	150000				
3	年利率	6.10%				
4	贷款年限	20				
5						
6	年利率\贷款年限					
7	¥-13,184.05	10	12	18	20	25
8	6.5%					
9	6.6%					
10	6.7%					
11	6.8%					
12	6.9%					
13	7.0%					
14	7.1%					
15	7.2%					

图 4-18　在 A7 单元格中输入目标函数 PMT

⑥选定 A7：F15 单元格区域，单击“数据”选项卡中“数据工具”组里的“模拟分析”按钮，在其下拉菜单中选择“模拟运算表”命令，在弹出的“模拟运算表”对话框中，设置“输入引用行的单元格”为“$B$4”，“输入引用列的单元格”为“$B$3”，单击“确定”按钮，如图 4-19 所示。

	A	B	C	D	E	F
1						
2	贷款额	150000				
3	年利率	6.10%				
4	贷款年限	20				
5						
6	年利率\贷款年限					
7	¥-13,184.05	10	12	18	20	25
8	6.5%	¥-20,865.70	¥-18,385.22	¥-14,378.19	¥-13,613.46	¥-12,297.22
9	6.6%	¥-20,963.46	¥-18,484.73	¥-14,484.22	¥-13,721.79	¥-12,411.22
10	6.7%	¥-21,061.43	¥-18,584.49	¥-14,590.61	¥-13,830.50	¥-12,525.65
11	6.8%	¥-21,159.61	¥-18,684.51	¥-14,697.35	¥-13,939.60	¥-12,640.53
12	6.9%	¥-21,258.01	¥-18,784.78	¥-14,804.44	¥-14,049.08	¥-12,755.84
13	7.0%	¥-21,356.63	¥-18,885.30	¥-14,911.89	¥-14,158.94	¥-12,871.58
14	7.1%	¥-21,455.45	¥-18,986.07	¥-15,019.69	¥-14,269.17	¥-12,987.74
15	7.2%	¥-21,554.49	¥-19,087.10	¥-15,127.83	¥-14,379.78	¥-13,104.33

图 4-19　年利率和贷款年限发生变化时的年还款额

任务二　单变量求解的应用

一、任务概述

运用单变量求解解决企业实施新项目中涉及的成本问题。

二、知识点介绍

单变量求解是在既定公式中通过假设运算结果，推导公式中某一变量的引用单元格应取值多少的过程。在 Excel 中根据所提供的目标值，将引用单元格的值不断调整，直至达到所需要求的公式的目标值时,变量的值才确定。

例:如图 4-20 所示,一个梯形上底为 10,下底为 12,高为 4,问高为多少时,梯形面积变为 33。

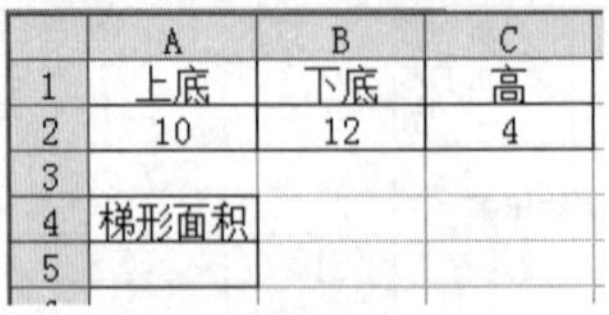

图 4-20 单变量求解

①选中 A5 单元格,在其编辑栏中输入公式“=(A2+B2)*C2/2”,如图 4-21 所示。

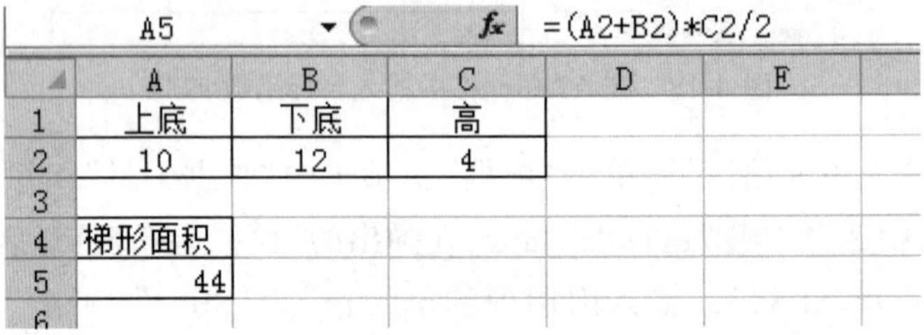

图 4-21 输入公式

②再次选定包含想产生特定数值的公式的目标单元格 A5。

③单击“数据”选项卡中“数据工具”组里的“模拟分析”按钮,在其下拉菜单中选择“单变量求解”命令。在弹出的“单变量求解”对话框中,“目标单元格”已含有刚才选定的单元格 A5,只需要设置“目标值”为“33”,“可变单元格”为“C2”,如图 4-22 所示。

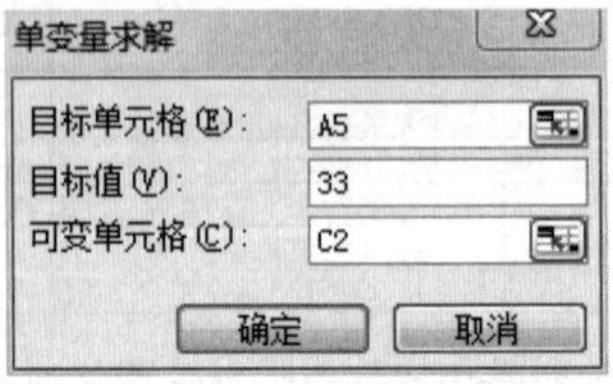

图 4-22 “单变量求解”对话框

④单击“确定”按钮,弹出“单变量求解状态”对话框,如图 4-23 所示。同时,计算结果显示在 C2 单元格内。要保留这个值,单击“单变量求解状态”对话框中的“确定”按钮。

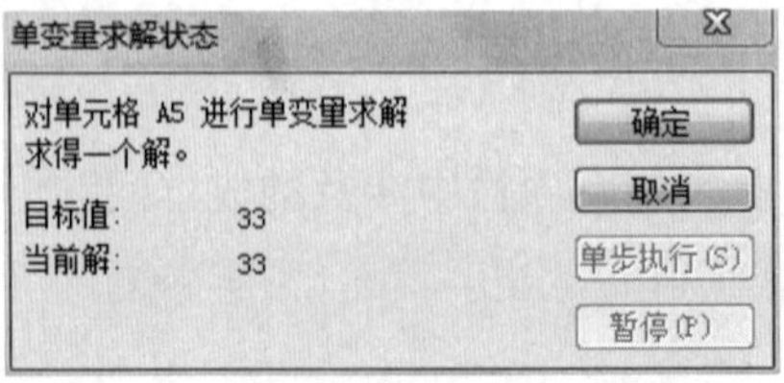

图 4-23 “单变量求解状态”对话框

三、任务实施

【实施内容】

如图 4-24 所示，企业实施一个项目，单价为 100，变动成本为 20，固定成本为 3 000，问变动成本达到多少时，保本点销量达到 40？

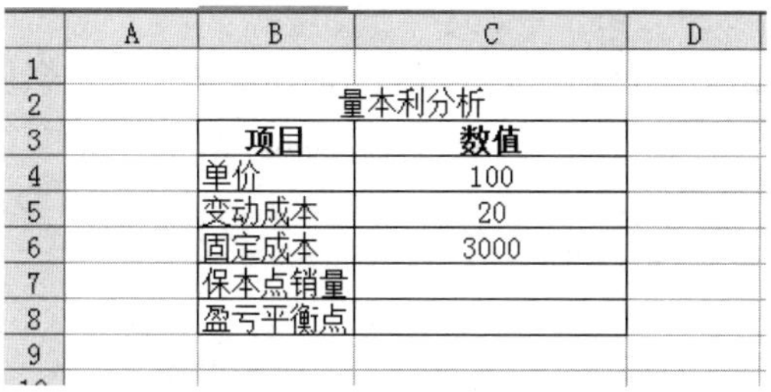

	A	B	C	D
1				
2		量本利分析		
3		项目	数值	
4		单价	100	
5		变动成本	20	
6		固定成本	3000	
7		保本点销量		
8		盈亏平衡点		
9				

图 4-24　量本利分析

【具体操作】

①选中 C7 单元格，在编辑栏中输入公式“=C6/(C4-C5)”，如图 4-25 所示，再选中 C8 单元格，在编辑栏中输入公式“=(C4-C5)*C7-C6”，如图 4-26 所示。

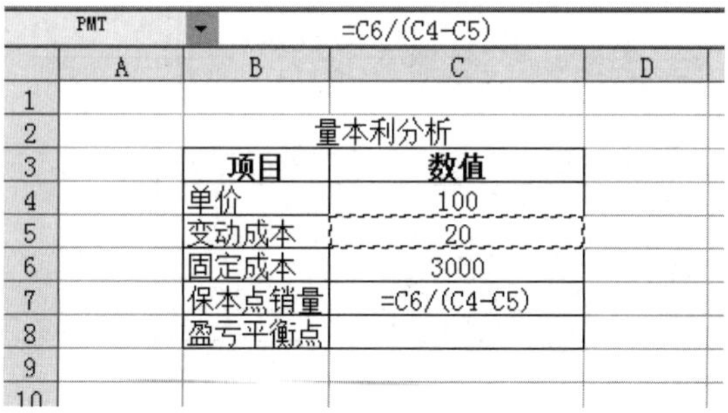

PMT　=C6/(C4-C5)

	A	B	C	D
1				
2		量本利分析		
3		项目	数值	
4		单价	100	
5		变动成本	20	
6		固定成本	3000	
7		保本点销量	=C6/(C4-C5)	
8		盈亏平衡点		
9				
10				

图 4-25　在 C7 单元格输入公式

PMT　=(C4-C5)*C7-C6

	A	B	C	D
1				
2		量本利分析		
3		项目	数值	
4		单价	100	
5		变动成本	20	
6		固定成本	3000	
7		保本点销量	37.5	
8		盈亏平衡点	=(C4-C5)*C7-C6	
9				

图 4-26　在 C8 单元格输入公式

②选中包含公式的单元格 C7。

③单击“数据”选项卡中“数据工具”组里的“模拟分析”按钮，在其下拉菜单中选择“单变量求解”命令，在弹出的“单变量求解”对话框中，“目标单元格”已含有刚才选中的单元格 C7，只需要设置“目标值”为“40”，“可变单元格”为“C5”，如图 4-27 所示。

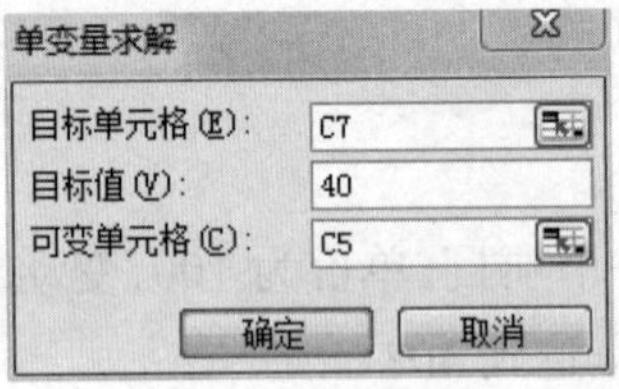

图 4-27 设置“单变量求解”对话框

④单击“确定”按钮，弹出“单变量求解状态”对话框，如果想要保留显示的这个值，则单击“单变量求解状态”对话框中的“确定”按钮，如图 4-28 所示。

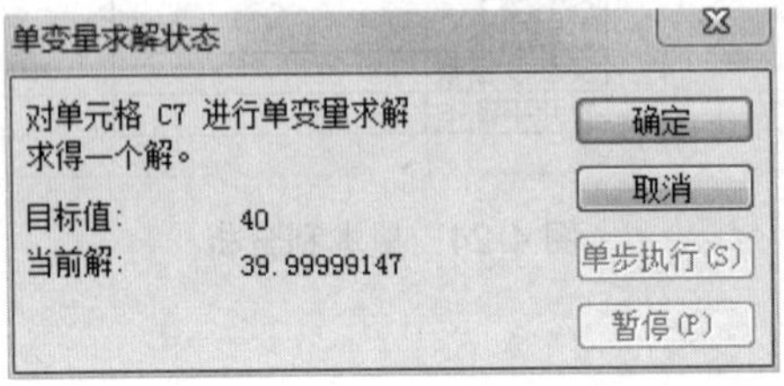

图 4-28 确定“单变量求解状态”对话框

⑤如图 4-29 所示，当变动成本达到 25 时，保本点销量达到 40。

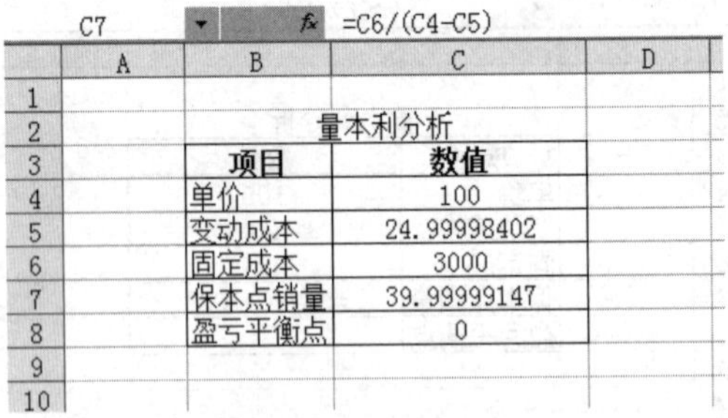
C7 =C6/(C4-C5)

	A	B	C	D
1				
2		量本利分析		
3		项目	数值	
4		单价	100	
5		变动成本	24.99998402	
6		固定成本	3000	
7		保本点销量	39.99999147	
8		盈亏平衡点	0	
9				
10				

图 4-29 最终结果

任务三 方案管理器的应用

一、任务概述

为企业新项目中的多个实施方案制作总体方案摘要。

二、知识点介绍

模拟运算表和单变量求解只适用于求解单变量或两个变量的情况，在数据假设分析中常常涉及多个不确定因素，所以如果想要分析公式引用多个变量的情况，只能使用 Excel 提供的“方案管理器”工具。

利用“方案管理器”可以针对一个假设分析模型建立和保存多个方案，并且可以把多个方案放在一起进行分析比较，其中的每一个方案都由多个变量单元格和一个目标单元格组成，它们是用来预测模型结果的一组数值。

例如，如图 4-30 所示，一个梯形上底为 10，下底为 12，高为 4，根据梯形面积的计算公式来创建三个方案，每个方案的上底、下底和高取值都是不同的，我们将三个方案的设计显示在新的工作表中。

	A	B	C	D
1	上底	下底	高	面积
2	10	12	4	44
3				
4				
5		方案1	方案2	方案3
6	上底	7	8	10
7	下底	9	10	12
8	高	4	3	3

图 4-30　三个不同的方案

1. 创建方案

①单击“数据”选项卡中“数据工具”组里的“模拟分析”按钮，在其下拉菜单中选择“方案管理器”命令，弹出“方案管理器”对话框，如图 4-31 所示。

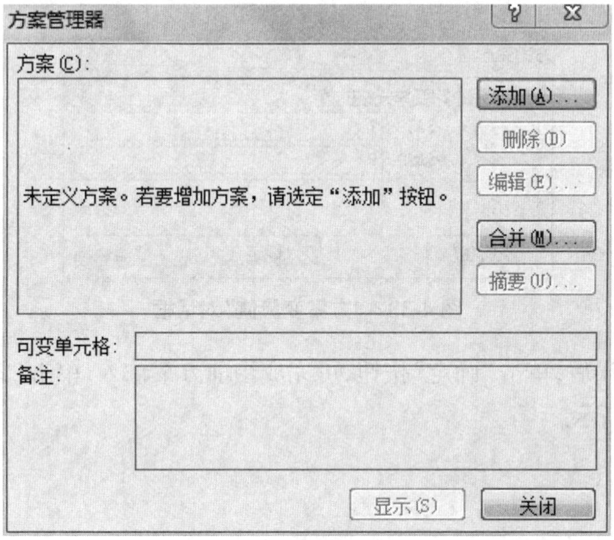

图 4-31　“方案管理器”对话框

②单击“添加”按钮，打开“添加方案”对话框，设置“方案名”为“方案 1”，“可变单元格”用鼠标选定的方法设为“$A$2:$C$2”，如图 4-32 所示。

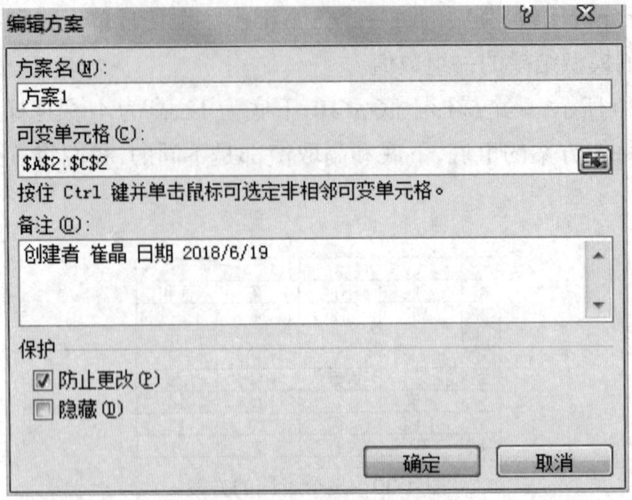

图 4-32 “编辑方案”对话框

③单击“确定”按钮后，弹出“方案变量值”对话框，按照 Excel 方案 1 中上底、下底和高的数值，重新输入每个可变单元格的值，如图 4-33 所示。此时按 Tab 键或者“Tab+Shift”快捷键均可进行光标的切换。

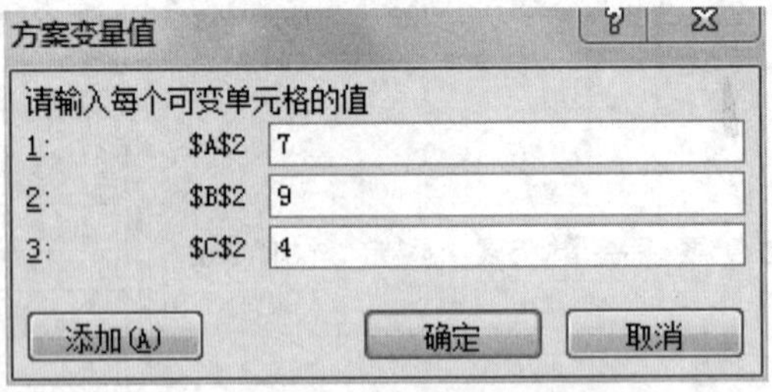

图 4-33 “方案变量值”对话框

④确认输入无误后，单击“确定”按钮，可完成当前方案输入，单击“添加”按钮可添加新的方案，如图 4-34 所示。

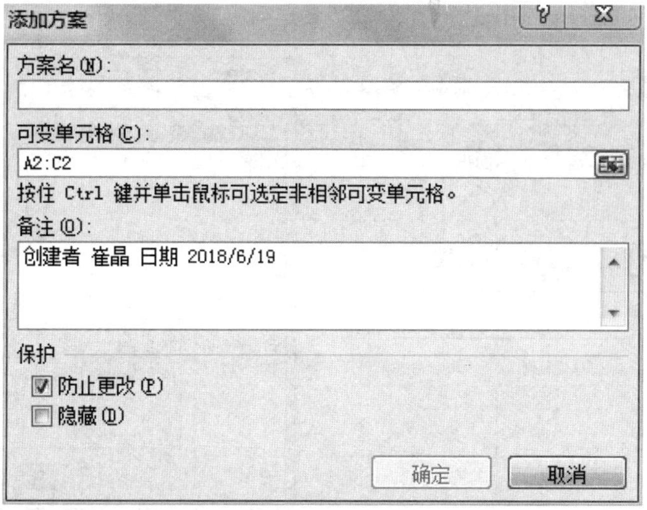

图 4-34　“添加方案”对话框

⑤按照步骤②～④的方法，依次输入方案 2 和方案 3，单击“确定”按钮，返回“方案管理器”对话框，此时可以看到已经出现一个方案列表，并且已经把三个方案显示其中，如图 4-35 所示，单击“关闭”按钮，方案管理器的创建工作已经完成。

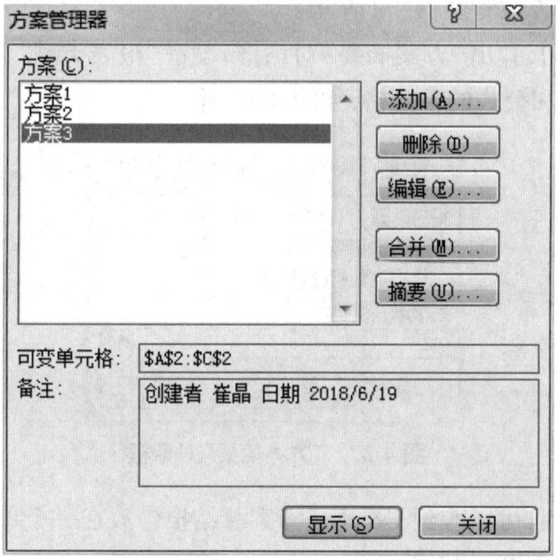

图 4-35　返回“方案管理器”对话框

2. 显示方案

①单击“数据”选项卡中“数据工具”组里“模拟分析”按钮，在其下拉菜单中选择“方案管理器”命令，弹出“方案管理器”对话框。

②选中想要显示的方案，比如方案 1，然后单击“显示”按钮，方案 1 的值就显示在工作表中，如图 4-36 所示。根据相同的方法也可以显示方案 2 和方案 3。

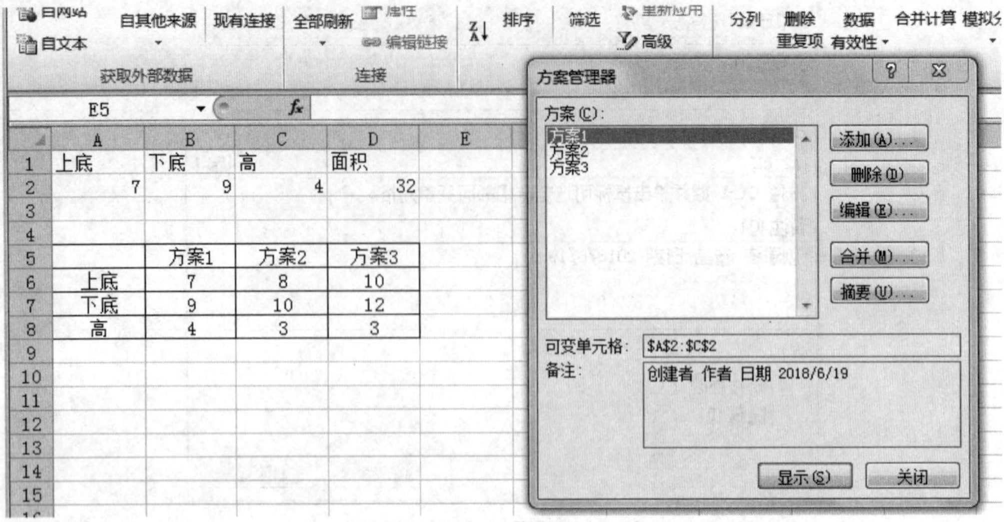

图 4-36 显示方案

③单击“关闭”按钮。

3. 创建方案摘要

①单击“数据”选项卡中“数据工具”组里的“模拟分析”按钮,在其下拉菜单中选择“方案管理器”命令,弹出“方案管理器”对话框。

②单击“摘要”按钮,弹出“方案摘要”对话框,设置“报表类型”为方案摘要,“结果单元格”为 D2,即放置结果和公式的单元格,如图 4-37 所示。

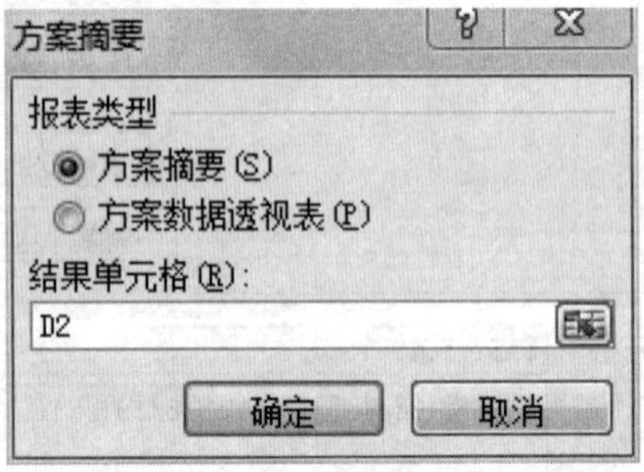

图 4-37 “方案摘要”对话框

③单击“确定”按钮,可以看到 Excel 把方案总结报告放在一个单独的工作表中,并且自动命名为“方案总结”,如图 4-38 所示。

在方案总结报告中有一个当前值,这一列的数据指的是建立方案总结的时候,可变单元格的当前取值,它可以是后面几个方案中的一个,也可以不包含在后面几个方案当中。

方案摘要	当前值:	方案1	方案2	方案3
可变单元格:				
$A$2	7	7	8	10
$B$2	9	9	10	12
$C$2	4	4	3	3
结果单元格:				
$D$2	32	32	27	33

注释:“当前值”这一列表示的是在
建立方案汇总时,可变单元格的值。
每组方案的可变单元格均以灰色底纹突出显示。

图 4-38 方案总结报告

三、任务实施

【实施内容】

如图 4-39 所示,我们以盈亏平衡分析的模型工作表为例,企业还有三个其他的方案,分别是:①单价提高至 110;②单价提高至 110,变动成本增加至 30;③固定成本下降至 2 500。

根据以上条件创建方案摘要,分析保本点销量的值。

量本利分析	
项目	**数值**
单价	100
变动成本	20
固定成本	3000
保本点销量	37.5
盈亏平衡点	0

图 4-39 盈亏平衡分析模型

【具体操作】

①单击“数据”选项卡中“数据工具”组里的“模拟分析”按钮,在其下拉菜单中选择“方案管理器”命令,弹出“方案管理器”对话框,再单击“添加”按钮,打开“添加方案”对话框,设“方案名”为“方案 1”,“可变单元格”用鼠标选定的方法设为“C4”,如图 4-40 所示。

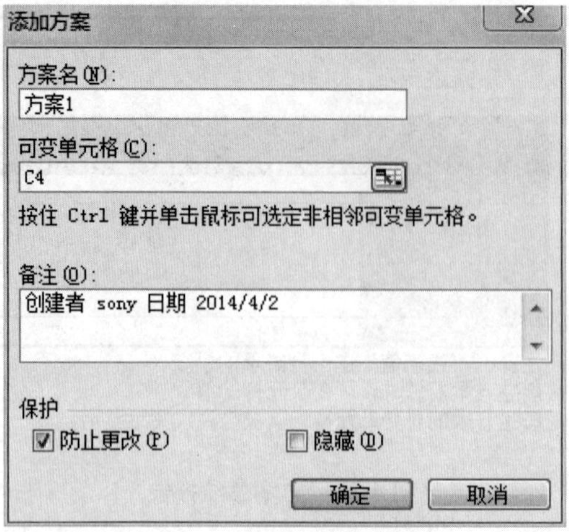

图 4-40 “添加方案”对话框

②单击“确定”按钮后，弹出“方案变量值”对话框，设置可变单元格的值为“110”，如图 4-41 所示。

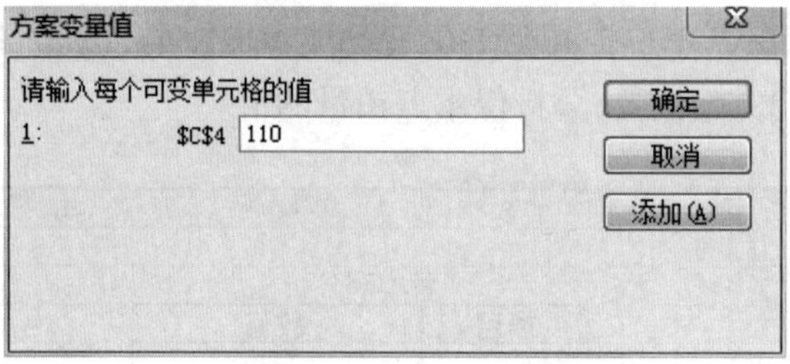

图 4-41 设置可变单元格的值

③单击“添加”按钮，继续完成方案 2 和方案 3 的添加，如图 4-42 所示。

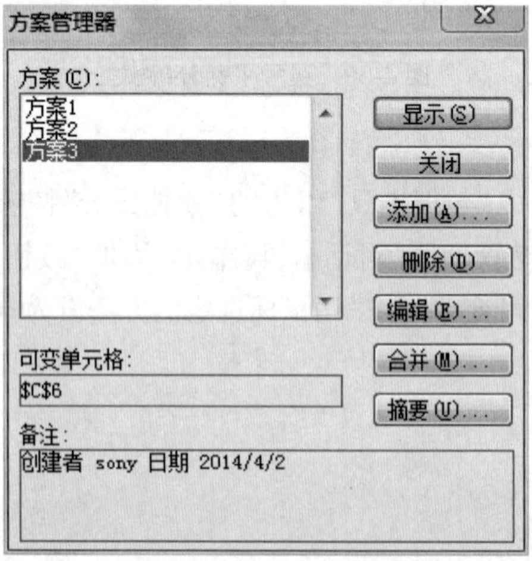

图 4-42 添加三个方案

④单击“摘要”按钮，弹出“方案摘要”对话框，设置“结果类型”为“方案摘要”，“结果

单元格”为“C7”,单击“确定”按钮,如图 4-43 所示,得到不同条件下保本点销量值的方案摘要。

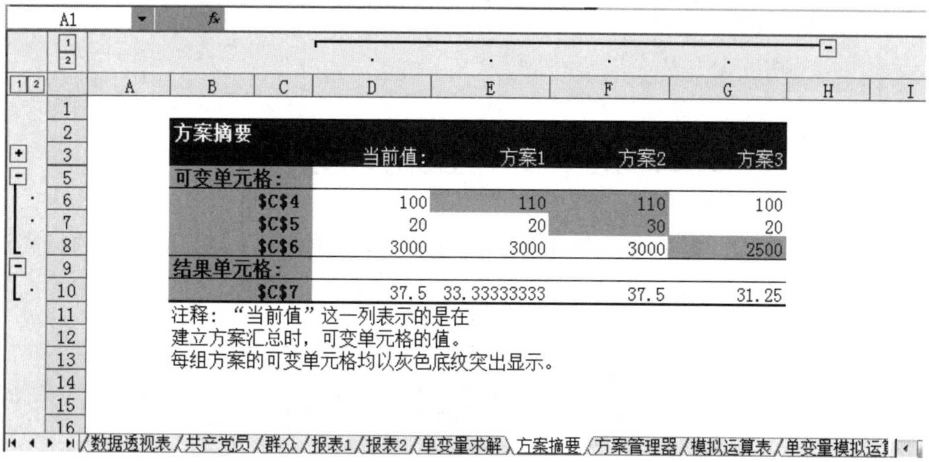

方案摘要	当前值:	方案1	方案2	方案3
可变单元格:				
$C$4	100	110	110	100
$C$5	20	20	30	20
$C$6	3000	3000	3000	2500
结果单元格:				
$C$7	37.5	33.33333333	37.5	31.25

注释：“当前值”这一列表示的是在
建立方案汇总时，可变单元格的值。
每组方案的可变单元格均以灰色底纹突出显示。

图 4-43　最终结果

附录　操作技能训练题

Excel 基本操作技能训练(一)

①请将图 1 中标题“客运站历年旅客吞吐量一览表(单位:万人)”所在行的行高设置为 25,并将标题的字体加粗,跨列居中。

	A	B	C
1	客运站历年旅客吞吐量一览表（单位：万人）		
2	年份	旅客吞吐量	增长倍数
3	1999年	231.91	
4	2000年	293.23	
5	2001年	328.07	
6	2002年	400.85	
7	2003年	444.18	
8	2004年	349.03	
9	2006年	500.46	
10	2007年	710.53	
11	2008年	928.25	
12	2009年	2406.25	
13	2010年	2607.45	
14	2011年	2373.76	
15	2012年	3984.84	
16	2013年	5338.5	
17	2014年	6537.95	
18	2015年	7858.54	
19	2016年	9997.91	
20	2017年	10902.32	
21	2018年	11102.41	
22	2019年	11371.06	

图 1

②在第 8 行与第 9 行之间插入一行,并且依次输入数据“2005 年”“442.47”。

③用公式计算从 2000 年开始,旅客吞吐量每年与 1999 年比较的“增长倍数”,填入相应的单元格中,并保留两位小数(增长倍数 = 旅客吞吐量 / 1999 年的旅客吞吐量,设 1999 年的“增长倍数”为 1.00)。

④在工作表中以“年份”“旅客吞吐量”为数据区域(单元格区域为 A2: B22),建立一个图表,要求:用第一种折线图,图表标题设为“客运站历年旅客吞吐量”,图表位置放在 F7: L22 单元格区域内。

Excel 基本操作技能训练（二）

①参照图 2，自行制作“工资及福利费分配表”。

工资及福利费分配表

2020年1月31日						单位：元
车间及部门		应付工资			应付福利费	合计
		工时	分配率	金额	14%	
生产时间	甲	12000				
	乙	20000				
	丙	18000				
	小计			250000		
车间管理人员				20000		
厂部管理人员				50000		
合计						

图 2

②制作表格的起始位置是 A15 单元格。“工资及福利费分配表”表头位置为 A15:G15，合并及居中、黑体、16 号字、行高 21、底色为黄色。

③日期位置 C16: E16、合并及居中，“单位:元”位置 G16，这两项字体为宋体、10 号字、A16:G16 底色为玫瑰红。

④ A 列宽 2.75，其他各列宽为 9；行高 15（除表头行外）；除表头行外，表中其他字体为宋体，字号是 10 号；字符型数据居中、数值型数据靠右；表格线为黑色细线，A17: G25 底色为浅绿色。

⑤利用公式、函数，计算分配率并且放在 D22 位置；计算应付工资、应付福利费、合计、合计各项数据。

⑥利用 B19: B21 和 E19: E21 的数据，制作三维饼图，图表标题为“生产工人应付工资”。数据标志为百分比，并把最大块剥离出来。三维饼图放在下面空白位置即可取消网格线。

Excel 基本操作技能训练（三）

①参照图 3，自行制作“固定资产折旧计算表”。

固定资产折旧计算表

	2020年1月31日				单位：元
房屋月折旧率	0.40%				
机器设备月折旧率	0.80%				
固定资产类型 使用部门	房屋		机器设备		月折旧额合计
	固定资产原值	月折旧额	固定资产原值	月折旧额	
生产车间	5000000		4000000		
机修车间	1000000		800000		
供电车间	700000		300000		
管理部门	800000		600000		
合计					

图3

②制作表格的起始位置是A16单元格。“固定资产折旧计算表”表头位置A16：F16，合并及居中、黑体、16号字、行高20.25、底色为黄色。

③日期位置B17：D17、合并及居中，“单位:元”位置F17，这两项字体为宋体、10号字、A17:F17底色为玫瑰红。

④ A列宽17.5，其他各列宽为10；行高14.25（除表头行外）；除表头行外，表中其他字体为宋体，字号是10号；字符型数据居中、数值型数据靠右；表格线为黑色细线，A18：B19为浅绿色；A21:F27为青绿色。

⑤利用公式、函数，计算房屋、机械设备的原值、月折旧额、月折旧额合计。

⑥利用A23：A26和F23：F26的数据，制作簇状柱形图，图表的标题为“固定资产折旧”。簇状柱形图放在下面空白位置即可，取消网格线。

Excel基本操作技能训练（四）

①请将图4中标题格式做如下设置：字体为隶书、字号为20、加粗、底纹为灰色（50%）、字体颜色为红色、合并及居中。

	A	B	C	D	E	F
1	各分公司销售情况一览表					
2	公司名称	一季度	二季度	三季度	四季度	合计
3	兴业公司	2200	3420	3248	3846	
4	海天公司	3100	5240	5232	5013	
5	辉煌公司	1980	3653	3333	4444	
6	实达公司	2450	2434	3500	2874	
7	合计					
8	平均值					
9	最大值					
10	最小值					
11						

图4

②列标题格式：字体为宋体、字号为14、字体颜色为绿色、文字居中。

③为A2:F10单元格区域加上“所有框线”边框，底纹为淡蓝。

④用函数功能计算合计、平均值、最大值、最小值。

⑤选择 A2:E6 单元格区域制作三维堆积柱形图。

⑥图表标题为“各分公司销售统计图”,红色字体,加双下划线。

Excel 基本操作技能训练(五)

①将图 5 中第 15 行(“东南菱帅”所在行)删除。

②用公式计算出“1—4 月销量”,并填入相应的单元格中。

③将工作表 E1 单元格插入批注“上半年统计表”。

④在工作表中以“品牌”和“累计销量”两列为数据区域(单元格区域为 A2:A18 和 E2:E18),建立一个图表,用第一种柱形图,系列产生在列,图表标题设为“2008 年 1—6 月国内部分汽车销量统计(单位:辆)”,图表放在表格的右边。

	A	B	C	D	E
1	2018年1月—6月国内部分汽车销量统计（单位：辆）				
2	品牌	1月—4月销量	5月份销量	6月份销量	累计销量
3	别克君威		7039	8412	48908
4	别克GL8		2610	2084	14029
5	奥迪A6		3105	2199	23445
6	奥迪A4		502	262	4335
7	雅阁		7367	12054	43460
8	奥德赛		1506	1978	9388
9	帕萨特		5728	3951	45161
10	新蓝鸟		1906	1400	14705
11	东方之子		620	638	6427
12	索纳塔		3000	2565	21472
13	凯越		7636	7631	45238
14	阳光		1535	2191	15481
15	东南菱帅		3694	3028	18493
16	伊兰特		8622	8515	34742
17	富康		9245	3697	43435
18	POLO		1696	2060	18014

图 5

Excel 基本操作技能训练(六)

某公司员工月工资基本情况如图 6 所示,请应用函数、公式完成下表。其中:病假每天扣款 10 元,事假每天扣款 25 元。

	A	B	C	D	E	F	G	H	I	J	K
1	序号	姓名	基本工资	综合奖金	各种津贴	病假天数	事假天数	病假扣款	事假扣款	其他扣款（保险、公积金、个人所得税）	实发工资
2	1	闫销	2000	200	100		2			552	
3	2	王利剑	2200	200	100	2				600	
4	3	江丹旭	2500	200	100					672	
5	4	张津金	2100	200	100		1			576	
6	5	孔帆静	2800	200	100					744	
7	6	赵硕伊	2350	200	100	1	1			684	
8	7	邢荣亮	2600	200	100					700	
9	8	邱红	2900	200	100					800	
10	9	闫亮	1650	150	80					395	
11	10	王辉波	1500	150	80	1				363	
12	11	张名	1200	150	80					270	
13	12	费相云	1800	150	80		1			408	
14	13	邢朝	1900	150	80					450	
15	14	孙冠军	1700	150	80	3				420	
16	15	王美健	1600	150	80					400	
17	16	项丽媛	1100	150	80					260	
18	17	李阳	3000	280	120	1				850	
19	18	刘鹏	3200	280	120		1			900	
20	19	高山	3600	280	120					1040	
21	20	孙源源	3500	280	120					1000	
22	21	李玮懿	3100	280	120					970	
23	22	薛屏	3800	280	120		2			1080	
24	23	刘海华	4000	380	150					1160	
25	24	韩智慧	4200	380	150					1200	
26	25	张丽	4500	380	150	1				1260	
27	合计										
28	平均值										
29	最高										
30	最低										

图 6

Excel 基本操作技能训练(七)

①参照图 7,利用填充的方法,在 A4:A15 单元格区域输入 1 月至 12 月。

	A	B	C	D	E	F	G
1	每月收支情况表						
2	月份	收入额		支出额		收支情况	
3		正常收入	额外收入	正常支出	额外支出		
4			2600		1400		
5			2600		1350		
6			2600		4600		
7			0		600		
8			2900		2500		
9			2400		5500		
10			2350		1100		
11			0		600		
12			0		4600		
13			0		600		
14			2900		700		
15			2900		4600		
16	年收入						

图 7

②在 B4:B15 单元格区域分别输入 2 300,在 D4:D15 单元格区域分别输入 1 400。

③在 B16:E16 单元格区域分别计算出年收入。

④利用 IF 函数,在 F4:F16 单元格区域显示出“节约”或“赤字”结果。

⑤ B4:E16 单元格区域采用“会计专用”格式,货币样式为￥,保留两位小数。

Excel 基本操作技能训练(八)

①参照图 8,利用序列在 A2:A11 单元格区域中填入代理 1、代理 2、……、代理 10。

	A	B	C	D	E	F	G
1	代理商	销售人员	品名	型号	销售量	单价	销售额
2		王鹏	台式机	PⅢ450	10	6000	
3		李建安	笔记本	PD-1000	5	8980	
4		赵敏	台式机	P5/366A	3	6300	
5		洪恩	打印机	COLOR300	5	700	
6		何志刚	显示器	LG775FT	2	3180	
7		误宏伟	打印机	COLOR300	3	782	
8		娄建军	台式机	P5/4503	2	9800	
9		韦力	打印机	COLOR300	3	700	
10		姚筱楠	台式机	P5/300A	7	6000	
11		丁弘	台式机	P5/363A	3	6300	
12	销售额合计:						
13	销售额平均值:						
14	COLOR300型打印机销售额合计:						

图 8

②在 G2:G11 单元格区域中定义公式,计算出每个代理商的销售额,保留两位小数。

③在 G12 单元格中计算出销售额合计。

④在 G13 单元格中计算出销售额平均值。

⑤在 G14 单元格中计算出 COLOR300 型打印机销售额合计。

⑥利用条件格式将小于 10 000 的销售额用红色显示(G2:G11)。

Excel 基本操作技能训练(九)

①参照图 9,利用填充功能,在 A3:A12 单元格区域输入甲、乙、……、癸序列。

	A	B	C
1	某商场购物节奖励表		
2	顾客	消费额	奖励
3			
4			
5			
6			
7			
8			
9			
10			
11			
12			

图 9

②利用填充功能,在 B3:B12 单元格区域输入初始值 1 000、步长为 1 400 的等差序列。

③在 C3: C12 单元格区域显示出奖励结果。当消费额大于 10 000 元时,奖励一台“微波炉”;当消费额大于 5 000 元小于 10 000 元时,奖励一台“收音机”;当消费额小于 5 000 元时,奖励一台“U 盘”。

数据的分析处理技能训练(十)

①参照图 10,用公式计算出“总奖牌数”,并填入相应的单元格中。

	A	B	C	D	E
1	第二十八届夏季奥运会金牌榜				
2		金牌	银牌	铜牌	总奖牌数
3	美国	35	39	29	
4	中国	32	17	14	
5	俄罗斯	27	27	38	
6	澳大利亚	17	16	16	
7	日本	16	9	12	
8	德国	14	16	18	
9	法国	11	9	13	
10	意大利	10	11	11	
11	韩国	9	12	9	
12	英国	9	9	12	
13	古巴	9	7	11	
14	乌克兰	9	5	8	
15	匈牙利	8	6	3	
16	罗马尼亚	8	5	6	
17	希腊	6	6	4	
18	荷兰	4	9	9	
19	巴西	4	3	3	
20	瑞典	4	1	2	
21	西班牙	3	11	5	
22	加拿大	3	6	3	
23	土耳其	3	3	4	
24	波兰	3	2	5	

图 10

②以“金牌”为主要关键字按降序、“银牌”为次要关键字按降序对表格数据(单元格区域为 A2:E24)进行排序。

③将单元格区域 A2:E24 加上蓝色细实线内边框和红色双线外边框。

④在工作表中筛选出“金牌”和“银牌”都大于等于 10 的记录。

数据的分析处理技能训练(十一)

①参照图 11,删除 D 列(“零售额百分比(%)”所在列)。

②用公式计算出“增长率”,并填入相应的单元格中[增长率 =(本月零售额 - 上月零售额)/ 上月零售额],计算结果用百分比表示,并保留两位小数。

③以“本月零售额”为主要关键字按降序对表格数据(单元格区域为 B2: E17)进行排序。

④为单元格区域 C3:E17 设置蓝色底纹,并将其中的数据垂直居中显示。

⑤在工作表中筛选出表中“本月零售额”和“上月零售额”都大于 500 000 的记录。将筛选结果放在 A28 单元格起始的位置。

	A	B	C	D	E	F
1		2020年12月某市空调销量调查表				
2		品牌	本月零售额	零售额百分比（%）	上月零售额	增长率
3		科龙	100,688	1.16	8,960	
4		伊莱克斯	13,800	0.16	8,769	
5		美的	1,300,914	15.43	130,668	
6		海信	975,242	11.19	1,601,573	
7		LG	79,100	0.91	87,632	
8		华宝	57,430	0.66	5,260	
9		奥克斯	337,069	3.97	121,580	
10		三菱电机	302,392	3.45	37,751	
11		海尔	2,136,222	24.95	2,231,599	
12		长虹	395,960	4.67	14,350	
13		双鹿	8,820	0.1	154,860	
14		乐华	6,600	0.08	132,056	
15		新科	85,650	0.98	244,908	
16		格力	2,358,131	27.05	2,447,020	
17		春兰	456,364	5.24	280,964	

图 11

数据的分析处理技能训练(十二)

①参照图 12,利用高级筛选功能将一月销售额大于 10 000 的记录筛选出来。

②将筛选结果放在 G8:K16 单元格区域中,否则答案无效。

	A	B	C	D	E
1	兴业公司第一季度销售表				
2	月份	销售员	销售产品	销售量	销售额（元）
3	一月	李力	U盘	2	2420
4	一月	王彤	U盘	32	38720
5	一月	刘杰	U盘	62	75020
6	二月	李力	手机	11	22616
7	二月	王彤	电脑	14	95046
8	二月	刘杰	U盘	17	20570
9	三月	李力	手机	20	41120
10	三月	王彤	电脑	23	156147
11	三月	刘杰	手机	26	31460
12	一月	刘杰	电脑	8	54312
13	一月	李力	电脑	29	196881
14	一月	王彤	电脑	59	400551
15	二月	李力	电脑	38	257982
16	二月	王彤	手机	41	84296
17	二月	刘杰	电脑	44	298716
18	三月	李力	U盘	47	56870
19	三月	王彤	手机	50	102800
20	三月	刘杰	电脑	53	359817
21	一月	王彤	手机	5	10280
22	一月	刘杰	手机	35	71960
23	一月	李力	手机	56	67760
24	二月	李力	手机	65	133640
25	二月	王彤	电脑	68	461652
26	二月	刘杰	手机	71	145976
27	三月	李力	电脑	74	502386
28	三月	王彤	U盘	77	93170
29	三月	刘杰	手机	80	164480
30					

图 12

数据的分析处理技能训练(十三)

①参照图 13,利用高级筛选功能将商品为“洗衣机”或品牌为“海尔”的记录筛选出来。

	A	B	C	D
1	家电销售统计表			
2	地区	商品	品牌	销售额
3	北京	洗衣机	三洋	50
4	北京	洗衣机	小鸭	60
5	北京	洗衣机	海尔	80
6	北京	彩电	夏华	100
7	天津	洗衣机	海尔	110
8	天津	洗衣机	三洋	120
9	北京	彩电	长虹	150
10	北京	彩电	TCL	200
11	北京	空调	长虹	200
12	天津	洗衣机	小鸭	230
13	北京	彩电	海尔	250
14	上海	洗衣机	三洋	300
15	上海	洗衣机	小鸭	300
16	天津	空调	TCL	350
17	北京	空调	科龙	400
18	天津	空调	TCL	400
19	天津	彩电	夏华	400
20	天津	空调	长虹	400
21	上海	彩电	长虹	400
22	天津	空调	科龙	450
23	天津	空调	海尔	480
24	北京	空调	海尔	500
25	天津	彩电	长虹	500
26	上海	彩电	TCL	500
27	上海	洗衣机	海尔	500
28	上海	空调	长虹	500
29	天津	彩电	海尔	550
30	天津	彩电	TCL	600
31	上海	彩电	夏华	600
32	上海	空调	TCL	600
33	上海	彩电	海尔	700
34	上海	空调	科龙	700
35	上海	空调	海尔	800

图 13

②将筛选结果放在 F10:I25 单元格区域中,否则答案无效。

数据的分析处理技能训练(十四)

①参照图 14,用高级筛选将天津地区销售额大于 300 小于 600 的记录筛选出来。

②将筛选结果放在 F10:I18 单元格区域中,否则答案无效。

	A	B	C	D
1	家电销售统计表			
2	地区	商品	品牌	销售额
3	北京	洗衣机	三洋	50
4	北京	洗衣机	小鸭	60
5	北京	洗衣机	海尔	80
6	北京	彩电	夏华	100
7	天津	洗衣机	海尔	110
8	天津	洗衣机	三洋	120
9	北京	彩电	长虹	150
10	北京	彩电	TCL	200
11	北京	空调	长虹	200
12	天津	洗衣机	小鸭	230
13	北京	彩电	海尔	250
14	上海	洗衣机	三洋	300
15	上海	洗衣机	小鸭	300
16	天津	空调	TCL	350
17	北京	空调	科龙	400
18	天津	空调	TCL	400
19	天津	彩电	夏华	400
20	天津	空调	长虹	400
21	上海	彩电	长虹	400
22	天津	空调	科龙	450
23	天津	空调	海尔	480
24	北京	空调	海尔	500
25	天津	彩电	长虹	500
26	上海	彩电	TCL	500
27	上海	洗衣机	海尔	500
28	上海	空调	长虹	500
29	天津	彩电	海尔	550
30	天津	彩电	TCL	600
31	上海	彩电	夏华	600
32	上海	空调	TCL	600
33	上海	彩电	海尔	700
34	上海	空调	科龙	700
35	上海	空调	海尔	800

图 14

数据的分析处理技能训练(十五)

①根据图 15,利用高级筛选功能,将职称为“经理”、出生日期大丁“1972 1 1”的项筛选出来,放在以 H12 单元格为起始的位置。

②对员工记录进行升序排序,主关键字为“分公司”,次关键字为“年薪金”,第三关键字为“出生日期”。

③排序后,按照“分公司”字段对年薪金进行分类汇总,汇总方式为求和。

	A	B	C	D	E	F
1	光华股份公司员工统计表					
2						制表人：张景
3	姓名	分公司	部门	职称	年薪金	出生日期
4	任宏伟	上海	财务部	会计员	32651.00	1974-5-22
5	古鹏	北京	财务部	会计员	36177.00	1974-5-14
6	岳丽	广州	财务部	会计员	38094.00	1970-1-5
7	顾宝明	天津	财务部	会计员	38325.00	1972-9-28
8	赵树凡	北京	财务部	经理	56386.00	1969-11-4
9	李英梅	广州	财务部	经理	57756.00	1970-5-19
10	董晓放	天津	管理部	经理	50410.00	1974-11-2
11	胡怡凡	上海	管理部	经理	63521.00	1970-6-7
12	郭红霞	广州	管理部	经理	64387.00	1965-12-2
13	费美丽	天津	管理部	行政助理	29982.00	1975-10-24
14	金花	天津	管理部	行政助理	33721.00	1978-3-23
15	周利	广州	管理部	行政助理	35785.00	1976-4-14
16	江珊珊	上海	管理部	行政助理	37488.00	1978-10-18
17	崔洪清	天津	开发部	经理	54349.00	1970-7-6
18	黄晶	北京	开发部	行政助理	31200.00	1974-12-2
19	贺玉行	天津	开发部	行政助理	32100.00	1979-9-5
20	吴占涓	广州	开发部	职员	36939.00	1971-9-30
21	将肖晶	天津	开发部	职员	43486.00	1974-11-13
22	张东方	上海	开发部	职员	46486.00	1972-12-11
23	周量瑜	北京	开发部	职员	47883.00	1971-10-11
24	王斯麦	天津	开发部	职员	67535.00	1959-6-12
25	张扬	北京	行销部	经理	49897.00	1974-8-25
26	包术云	天津	行销部	经理	62589.00	1963-7-7
27	王杨阳	上海	行销部	经理	67321.00	1972-12-22
28	林雨	北京	行销部	行政助理	26790.00	1981-1-16
29	刘家良	天津	行销部	行政助理	29982.00	1976-11-21
30	李昭	天津	行销部	行政助理	31878.00	1967-9-26
31	张惠华	北京	行销部	职员	34379.00	1976-9-8
32	郭志良	天津	行销部	职员	50651.00	1970-6-4
33	段垒	北京	行销部	职员	69070.00	1966-8-6

图 15

数据的分析处理技能训练（十六）

①根据图16，利用自动筛选功能，将是“一月”的销售记录筛选出来。

	A	B	C	D	E
1	兴业公司第一季度销售表				
2	月份	销售员	销售产品	销售量	销售额（元）
3	一月	李力	U盘	2	2420
4	一月	王彤	U盘	32	38720
5	一月	刘杰	U盘	62	75020
6	二月	李力	手机	11	22616
7	二月	王彤	电脑	14	95046
8	二月	刘杰	U盘	17	20570
9	三月	李力	手机	20	41120
10	三月	王彤	电脑	23	156147
11	三月	刘杰	手机	26	31460
12	一月	刘杰	电脑	8	54312
13	一月	李力	电脑	29	196881
14	一月	王彤	电脑	59	400551
15	二月	李力	电脑	38	257982
16	二月	王彤	手机	41	84296
17	二月	刘杰	电脑	44	298716
18	三月	李力	U盘	47	56870
19	三月	王彤	手机	50	102800
20	三月	刘杰	电脑	53	359817
21	一月	王彤	手机	5	10280
22	一月	刘杰	手机	35	71960
23	一月	李力	手机	56	67760
24	二月	李力	手机	65	133640
25	二月	王彤	电脑	68	461652
26	二月	刘杰	手机	71	145976
27	三月	李力	电脑	74	502386
28	三月	王彤	U盘	77	93170
29	三月	刘杰	手机	80	164480
30					

图 16

②在筛选的基础上,对“一月”的销售记录按“销售产品”字段进行升序排列。

③排序后,按照销售产品字段对销售额进行汇总,汇总方式为求和。

数据的分析处理技能训练(十七)

①参照图 17,利用自动筛选功能将北京地区的销售记录筛选出来。

②在筛选的基础上,对北京的销售记录按“商品”字段进行升序排序。

③排序后,按照“商品”字段对销售额进行汇总,汇总方式为求和。

	A	B	C	D
1	家电销售统计表			
2	地区	商品	品牌	销售额
3	北京	空调	海尔	500
4	北京	空调	科龙	400
5	北京	彩电	海尔	250
6	北京	彩电	TCL	200
7	北京	空调	长虹	200
8	北京	彩电	长虹	150
9	北京	彩电	松下	100
10	北京	洗衣机	海尔	80
11	北京	洗衣机	小鸭	60
12	北京	洗衣机	三洋	50
13	上海	空调	海尔	800
14	上海	彩电	海尔	700
15	上海	空调	科龙	700
16	上海	彩电	松下	600
17	上海	空调	TCL	600
18	上海	彩电	TCL	500
19	上海	洗衣机	海尔	500
20	上海	空调	长虹	500
21	上海	彩电	长虹	400
22	上海	洗衣机	三洋	300
23	上海	洗衣机	小鸭	300
24	天津	彩电	TCL	600
25	天津	彩电	海尔	550
26	天津	彩电	长虹	500
27	天津	空调	海尔	480
28	天津	空调	科龙	450
29	天津	空调	TCL	400
30	天津	彩电	松下	400
31	天津	空调	长虹	400
32	天津	空调	TCL	350
33	天津	洗衣机	小鸭	230
34	天津	洗衣机	三洋	120
35	天津	洗衣机	海尔	110

图 17

数据的分析处理技能训练(十八)

①参照图 18,用公式计算出“水资源总量”,并填入相应的单元格中(水资源总量 = 降水量 + 地表水 + 地下水)。

②将工作表中广西和湖南所在的行交换位置。

③在工作表中利用分类汇总功能,以“地理位置”为分类字段,对“降水量”“地表水”“地下水”进行平均值汇总,汇总结果显示在数据下方。

	A	B	C	D	E	F
1	2019年行政分区水资源状况（单位：亿立方米）					
2	省级行政区	地理位置	降水量	地表水	地下水	水资源总量
3	福建	南方	2207	1199	436	
4	甘肃	北方	1070	139	126	
5	广西	南方	4399	2373	514	
6	湖南	南方	4154	2560	539	
7	吉林	北方	1114	315	109	
8	江西	南方	3369	1981	481	
9	山东	北方	644	52	75	
10	山西	北方	775	44	66	

图 18

数据的分析处理技能训练(十九)

①参照图 19,将第 2 行的行高设置为 30,并将 B2: F2 单元格区域中的文字垂直居中显示。

②用公式计算出“同比增长”,填入相应的单元格中,计算结果用百分比表示,并保留两位小数 [同比增长 =(本月保费 - 去年同期保费)/ 去年同期保费]。

③将数据区域 B6:F9 中的内容复制到 B28:F31。

④将“本月保费”和“去年同期保费”两列中的单元格数据设置为货币格式,加上货币符号“￥”并设置为两位小数。

⑤在工作表中利用分类汇总功能,以“单位”为分类字段,对“本月保费”进行平均值汇总,汇总结果显示在数据下方。

	A	B	C	D	E	F
1		2020年5月保险业务统计表				
2		单位	险种	本月保费	去年同期保费	同比增长
3		人民保险公司	责任险	3578.2	4126.7	
4		人民保险公司	保证险	206.4	1782.4	
5		人民保险公司	意外险	3438.3	1859.8	
6		平安保险公司	责任险	179.7	153.4	
7		平安保险公司	保证险	47.6	20	
8		平安保险公司	意外险	469	81.4	
9		平安保险公司	健康险	204.4	46.2	
10		太平洋保险公司	责任险	25.8	181.1	
11		太平洋保险公司	保证险	50.5	41.4	
12		太平洋保险公司	意外险	223.7	56.8	
13		华安保险公司	责任险	50	59.4	
14		华安保险公司	保证险	593.3	902.2	

图 19

数据的分析处理技能训练(二十)

①参照图 20,在数据清单中,按“地区”和“商品”对“销售额”建立数据透视表。

②将数据透视表嵌入在 F21:J26 单元格区域中。

	A	B	C	D
1	家电销售统计表			
2	地区	商品	品牌	销售额
3	北京	洗衣机	三洋	50
4	北京	洗衣机	小鸭	60
5	北京	洗衣机	海尔	80
6	北京	彩电	松下	100
7	天津	洗衣机	海尔	110
8	天津	洗衣机	三洋	120
9	北京	彩电	长虹	150
10	北京	彩电	TCL	200
11	北京	空调	长虹	200
12	天津	洗衣机	小鸭	230
13	北京	彩电	海尔	250
14	上海	洗衣机	三洋	300
15	上海	洗衣机	小鸭	300
16	天津	空调	TCL	350
17	北京	空调	科龙	400
18	天津	空调	TCL	400
19	天津	彩电	松下	400
20	天津	空调	长虹	400
21	上海	彩电	长虹	400
22	天津	空调	科龙	450
23	天津	空调	海尔	480
24	北京	空调	海尔	500
25	天津	彩电	长虹	500
26	上海	彩电	TCL	500
27	上海	洗衣机	海尔	500
28	上海	空调	长虹	500
29	天津	彩电	海尔	550
30	天津	彩电	TCL	600
31	上海	彩电	松下	600
32	上海	空调	TCL	600
33	上海	彩电	海尔	700
34	上海	空调	科龙	700
35	上海	空调	海尔	800

图 20

数据的分析处理技能训练(二十一)

①为图 21 建立数据透视表。将“部门”作为列标签，“科目名称”作为行标签，“请款金额”作为数值。数据透视表放在本工作表内，起始位置为 A23。

②将数据透视表设置为只显示部门为“行政部”的请款金额信息。

	A	B	C
1	宏远股份公司2020年部门费用分析表		
2	部门	科目名称	请款金额
3	行政部	书报杂志	5278
4	行政部	文具印刷	8000
5	行政部	电话费	6000
6	行政部	修缮费	2000
7	业务部	广告费	20000
8	业务部	书报杂志	1000
9	业务部	文具印刷	8000
10	业务部	电话费	12000
11	业务部	修缮费	1000
12	研发部	书报杂志	2000
13	研发部	修缮费	1000
14	研发部	文具印刷	2000
15	研发部	电话费	5000
16	信息部	修缮费	1000
17	信息部	书报杂志	2500
18	信息部	文具印刷	3000
19	信息部	电话费	6000

图 21

数据的分析处理技能训练(二十二)

①为图 22 建立数据透视表。将“销售地区”作为页字段,“商品名称”作为列字段,“代理商”作为行字段,销售数量作为数据项。数据透视表放在本工作表内,起始位置为 A21。

②将数据透视表设置为只显示“银川”“代理 1”的各商品销售数量信息。

	A	B	C	D
1	商品销售表			
2	销售地区	商品名称	代理商	销售数量
3	银川	电视机	代理1	96
4	银川	电视机	代理2	302
5	银川	计算机	代理1	1992
6	大连	空调	代理1	23
7	银川	空调	代理2	92
8	大连	空调	代理1	350
9	银川	计算机	代理1	1023
10	旅顺	电视机	代理2	100
11	银川	空调	代理1	200
12	银川	计算机	代理3	300

图 22

数据的分析处理技能训练(二十三)

①为图 23 建立数据透视表。将“分店”作为列字段,“商品名称”作为行字段,“销售额”作为数据项。数据透视表放在本工作表内,起始位置为 A18 单元格。

②将数据透视表设置为只显示“分店 3”的各商品销售额信息。

	A	B	C	D	E
1	海河电器城各分店2020年12月部分商品销售额如下				
2	分店	商品名称	单价	销量	销售额
3	分店1	空调	3000	500	1500000
4	分店2	空调	2500	800	2000000
5	分店3	空调	3500	700	2450000
6	分店1	洗衣机	3000	1500	4500000
7	分店2	洗衣机	3000	1300	3900000
8	分店3	洗衣机	3200	6600	21120000
9	分店1	彩电	2500	3000	7500000
10	分店2	彩电	2200	1900	4180000
11	分店3	彩电	2500	2800	7000000
12	分店1	冰箱	3500	2000	7000000
13	分店2	冰箱	3000	2100	6300000
14	分店3	冰箱	4000	2500	10000000

图 23

财务函数的应用技能训练(二十四)

假设购买一台服务器,价值 30 000 元,使用期限为 10 年,残值为 3 500 元,利用年数总和法计算第 1 年和第 10 年的折旧值(结果保留两位小数),将结果存于图 24 所示的表中。

	A	B
1		
2		
3	第1年的折旧值	
4	第10年的折旧值	

图 24

财务函数的应用技能训练（二十五）

按年数总和法计算各年折旧及累计折旧，将公式定义在图 25 所示的表中。

	A	B	C
1	已知：		
2	固定资产原值：	200000	
3	预计残值：	20000	
4	预计使用年限：	5	
5			
6			
7			
8	年份	本年折旧	累计折旧
9	1		
10	2		
11	3		
12	4		
13	5		

图 25

财务函数的应用技能训练（二十六）

按双倍余额递减法计算各年折旧及累计折旧以及折余价值，将公式定义在图 26 所示的表中。

	A	B	C	D
1	已知：			
2	固定资产原值：	200000		
3	预计残值：	20000		
4	预计使用年限：	5		
5	要求：			
6				
7				
8	年份	本年折旧	累计折旧	折余价值
9	0			
10	1			
11	2			
12	3			
13	4			
14	5			

图 26

财务函数的应用技能训练(二十七)

按直线法计算各年折旧及累计折旧,将公式定义在图 27 所示的表中。

	A	B	C
1	已知:		
2	固定资产原值:	200000	
3	预计残值:	20000	
4	预计使用年限:	5	
5			
6			
7			
8	年份	本年折旧	累计折旧
9	1		
10	2		
11	3		
12	4		
13	5		

图 27

财务函数的应用技能训练(二十八)

李先生向银行贷款购商品房,年利率 12.5%,贷款金额 48 万元,贷款期限 5 年,问李先生每月月底须缴费金额是多少?五年到期总缴款金额是多少?将公式定义在 B6 和 B7 单元格中,结果保留两位小数,采用默认格式,如图 28 所示。

	A	B
1		
2		
3	年利率:	12.50%
4	贷款金额:	480000
5	贷款期限:	5
6	每月月底须缴款金额:	
7	五年到期总缴款金额:	

图 28

财务函数的应用技能训练(二十九)

①根据图 29 所给出的各年份及其销售额资料,利用 Linest 函数求解趋势预测方程 $y=ax+b$(其中 y 代表销售额,x 代表年份)的系数 a、常数项 b 以及相关系数平方 R_2 的值(将相应的公式分别定义在 B5、B6、B7 中)。

②利用求得的结果,根据方程 $y=ax+b$ 预测 2021 年的销售额(请将公式定义在 B8 中)。

	A	B	C	D	E	F
1	年份	2016	2017	2018	2019	2020
2	销售额	500000	520000	530000	560000	580000
3						
4	趋势预测方程：y=ax+b（其中y代表销售额，x代表年份）					
5	a=					
6	b=					
7	R2=					
8	利用此方程预测2021年销售额为：					
9						

图 29

数据模拟分析工具技能训练(三十)

如图 30 所示,某公司申请一笔抵押贷款,贷款的年利率为 8%,要求每年偿还等额的贷款和利息,贷款年限为 10 年。如果该公司按照上述条件贷款 200 000 元(正数表示),每年应偿还多少金额(结果采用默认形式)? 如果每年公司最多偿还 35 000 元(负数表示),根据“单变量求解”命令,则公司能够偿还最大贷款金额是多少(正数表示)? (结果采用默认形式)。在 C6 单元格作答,否则无分。

	A	B	C	D
1				
2				
3		贷款金额	200000	
4		贷款年限	10	
5		利率	8%	
6		每年应偿还的金额		
7				
8				

图 30

数据模拟分析工具技能训练(三十一)

在图 31 的 B5 单元格中建立计算利润的公式。然后利用单变量求解回答:当销量为多少时利润能够达到 15 000,将此结果保留在图 31 所示表格中。

	A	B
1	单价:	74
2	单位变动成本:	38
3	固定成本:	15000
4	销量:	500
5	利润:	

图 31

数据模拟分析工具技能训练(三十二)

参照图 32,已知贷款金额为 1 000 000 元,贷款年限为 10 年,年利率为 8%,请利用模拟运算表,求解:在不同利率下的月还款金额,结果保留两位小数,采用默认格式。将结果写在 E5:E14 单元格区域中,否则答题无效。

	A	B	C	D	E
1					
2					
3	贷款金额	1000000		利率	月还款额
4	贷款年限	10			
5	年利率	8%		5.50%	
6				6.00%	
7				6.50%	
8				7.00%	
9				7.50%	
10				8.00%	
11				8.50%	
12				9.00%	
13				9.50%	
14				10.00%	

图 32

数据模拟分析工具技能训练(三十三)

参照图 33,应用单变量模拟运算表,计算不同的利率对利息的影响。其中在 B4 单元格输入单元格利率的数据,拟设定本金数据为 B7: B10 单元格区域;请首先在 D7: D10 单元格区域录入公式,计算利率为 6% 时本金的利息;然后,根据单变量模拟运算表,计算利率为 7%、8%、10%、12% 时的利息。

	A	B	C	D	E	F	G	H
1								
2								
3		利率						
4		6%						
5								
6		本金		利率 利息	7%	8%	10%	12%
7		1500000						
8		1800000						
9		2200000						
10		2500000						

图 33

数据模拟分析工具技能训练(三十四)

某人购买商品房,现贷款 300 000 元,贷款年利率 6%,如果要 5 年内等额偿还贷款,每年需要偿还多少钱? 利用 PMT 函数在 A8 单元格回答。若贷款 300 000 元不变,贷款年利率为 6.1%、6.15%、6.18%、6.20%、6.25% 的情况下,贷款定为 12、15、18、20、25 年,并且在每年年末支付,在上一问的基础上,利用模拟运算表计算每年的还款额应是多少? 在图 34 所示表格中进行操作,否则答案无效,答案采用默认格式。

	A	B	C	D	E
1					
2					
3	已知条件:				
4	现贷款	贷款年利率	期限		
5	300000	6%	5		
6					
7	答案:				
8		6.10%	6.15%	6.18%	6.20%
9	12				
10	15				
11	18				
12	20				
13	25				

图 34

数据模拟分析工具技能训练(三十五)

①对 A7:A13 单元格区域指定名称,选择"最左列"。

②将图 35"表一"中的数据设定为基本方案数据,并在 B13 单元格录入利润公式。

③设该企业还有其他三个方案,方案一、方案二、方案三的方案数据见"表二", a. 根据方案管理器,建立基本方案、方案一、方案二、方案三,显示方案当前值为"方案二"; b. 创建方案摘要报告,结果类型设定为"方案摘要",结果单元格设定为"B13"。

	A	B	C	D
1				
2				
3				
4				
5	基本方案			
6	项目名称	金额(元)		
7	年销售额	120000		
8	员工工资	30000		
9	广告费用	20000		
10	设备费用	25000		
11	折旧	7000		
12	其他	20000		
13	利润			
14	表一			
15				
16		方案一	方案二	方案三
17	项目名称	金额(元)	金额(元)	金额(元)
18	年销售额	180000	180000	210000
19	员工工资	40000	40000	50000
20	广告费用	30000	30000	35000
21	设备费用	25000	25000	25000
22	折旧	7000	7000	7000
23	其他	35000	35000	40000
24		表二		

图 35